U1008722

来时少年郎　回首暮年白

华侨农场归侨侨眷访谈录

毕娇娇◎著

中国华侨出版社

·北京·

图书在版编目（CIP）数据

来时少年郎　回首暮年白：华侨农场归侨侨眷访谈录 / 毕娇娇著. -- 北京：中国华侨出版社，2025. 6

ISBN 978-7-5113-8003-6

Ⅰ. ①来…　Ⅱ. ①毕…　Ⅲ. ①华侨—访问记—云南　Ⅳ. ①K828. 8

中国国家版本馆CIP数据核字（2024）第103810号

来时少年郎　回首暮年白：华侨农场归侨侨眷访谈录

著　　者：毕娇娇
策划编辑：桑梦娟
责任编辑：崔苗苗
封面设计：刘典典
经　　销：新华书店
开　　本：710毫米×1000毫米　1/16开　印张：22　字数：261千字
印　　刷：北京鑫益晖印刷有限公司
版　　次：2025年6月第1版
印　　次：2025年6月第1次印刷
书　　号：ISBN 978-7-5113-8003-6
定　　价：69. 80元

中国华侨出版社　北京市朝阳区西坝河东里77号楼底商5号　邮编：100028
编辑部：（010）64443056-8013　发行部：（010）64443051

如发现印装质量问题，影响阅读，请与印刷厂联系调换。

前言

PREFACE

云南省是我国重点侨乡和国家集中安置归侨的重要省份之一。从20世纪60年代起，云南省13个华侨农（林）场安置了来自印度尼西亚、缅甸、越南、印度等国数以万计的归侨。这些归侨经历了我国不同的经济社会发展时期和侨务政策的变迁，在云南各地辛勤劳作，顽强拼搏，为农（林）场的建设乃至当地经济社会发展都做出了巨大贡献，留下了很深的“侨”印记。

中共中央、国务院对华侨农场的改革和发展十分关心，1985年《关于国营华侨农场经济体制改革的决定》提出，华侨农场要走我国农村改革的道路，逐步调整产业结构，切实扩大生产经营者的自主权，充分调动广大职工特别是归难侨的积极性，促进华侨农场自我发展、自我积累的能力，确实提高归难侨的生活水平。此后，经多轮改革，按照“体制融入地方、管理融入社会、经济融入市场”的“三融入”要求，华侨农（林）场在和谐稳定的环境中不断发展，成为现在归侨侨眷安居乐业的美丽乡村、和谐社区。

华侨农场归侨侨眷集中，他们来自不同国家，有着不同的生活体验，固守着祖籍地和侨居地的语言和生活习惯；其中绝大多数在原侨居地仍有很多亲戚、朋友，与海外有着千丝万缕的联系，是开展侨务工作的重点地区，农场归侨侨眷是开展海外联谊的一支重要力量。

随着华侨农场改革的完成，华侨农场及其居民已渐渐淡出人们的视线，成为历史记忆。经过半个多世纪的岁月兴替，这些老归侨大多年事已高，不少人已经辞世。他们独特的人生经历值得永久记录，他们艰苦拼搏的奋斗精神、无怨无悔的爱国主义精神、与时俱进地融入国家发展大潮的时代精神应该大力宣传。

为记录这些归侨独特的工作、生活经历，本人近三年对文山州、红河州、大理州、临沧市和保山市的华侨社区（管理区）归侨以及于华侨农场退休后在昆明定居的30名归侨进行了访谈，忠实记录和整理成文字。按照历史可寻、故事可读的原则，选取22名越南、缅甸、印度、印度尼西亚归侨和1名侨眷的访谈结集成书，以期通过这些归侨侨眷个人发展与祖国同频共振的故事，展现党和国家关心、帮助归难侨的历史，充分体现社会主义制度的优越性和中华民族大家庭的温暖；反映归难侨艰苦奋斗、勇于开拓的创业史，让更多的人了解广大归难侨和华侨农场职工的创业历程和历史贡献，进一步加深对我国侨务工作的认识，丰富云南侨史资料，同时告慰那些已经离世和至今仍在中华大地上奋斗与奉献的归侨侨眷们。

目录

CONTENTS

往事如烟犹可忆

杨允厚

杨允厚在缅华图书馆

被访谈者简介： 杨允厚，男，1940 年出生在缅甸仰光，先后就读于仰光华侨小学、南洋中学，并应聘到缅甸茂礼启民学校、仰光育侨小学任教。1966 年 7 月回到中国，分配到福建连江县长龙华侨农场工作；1974 年调到云南省开远铁路中学任教；1985 年调到云南省侨联工作，先后任办公室副主任、经济联络处处长、副主席，昆明缅华校友会（云南缅甸归侨联谊会）副会长、代会长，获中国侨联“爱国奉献奖”，2001 年退休。

访 谈 地 点： 昆明市杨允厚住所

访 谈 时 间： 2021 年 9 月 8 日

访谈和整理： 毕娇娇

一、我的家庭

父亲杨章欣，福建厦门霞阳人，1934年，为谋生告别家中妻儿和乡亲，只身走南洋，从厦门码头乘坐轮船，漂洋过海到缅甸仰光，经老乡介绍，到一家土杂店当会计。母亲蒋心愿，福建厦门鼓浪屿人，1938年带着3个年幼子女，同样乘坐轮船，历尽海上颠簸，千辛万苦，千里迢迢，来到仰光与父亲团聚。1940年，我出生在仰光。1941年，日本发动太平洋战争，随后将侵略魔爪伸向东南亚国家。12月23日，仰光遭受日本首次空袭，广大市民过着惶惶不安的日子，我们兄妹4人随父母逃到一个叫木个具的山芭（小山村）避难。1943年，我们再次回到仰光居住。

天有不测风云，人有旦夕祸福。我6岁那年，父亲突得急病，没几天就撒手人寰，丢下我们孤儿寡母。从此，全家人的生活担子全落在母亲肩上。母亲为了抚养6个子女，每天除帮人缝洗衣服，还要很早起来，做各种闽南风味糕点，让年幼的姐姐去街上卖，以此来维持一家人的生活。那时候，家里收入少，日子过得十分艰难。父亲去世后，母亲为了给家里增加收入，将原有住房改造成了三间小房间，我们住前面有阳台的房间，后面两间出租，收租金来贴补家用。

一天，我在睡梦中被一阵哭声惊醒，眯着眼睛一看：母亲左手拿着红毛毯，右手抱着年幼的小妹，边走边哭，来回走动。事后我们才知道，住后房的租户欺负母亲没文化、善良、子女年幼，大哥又在外谋生，竟然窜改户主姓名，将我家房子占为己有。我们被逼搬到后面又暗又小的房间居住，每月没有租金收入，生活更加贫困。有时，家里碰上揭不开锅的时候，母亲只有叫我到夜校找四叔杨章熹帮忙，才勉强度过生活困境。虽然家庭生活贫困，可母亲非常重视子女教育，想办法克服困难让子女读书。7 岁时，我与同龄孩子一样到仰光华侨小学读书，开始接受启蒙教育。

二、四叔杨章熹

杨章熹

四叔杨章熹，1926 年毕业于厦门同文书院，后到上海劳动大学求学，开始接受马列主义思想。1932 年在厦门、海澄参加中国反帝大同盟。1936 年，因国民党在厦门四处搜捕，27 岁的四叔从厦门到了缅甸仰光，当时他已是革命经验颇为丰富的战士。四叔初到仰光，利用霞阳老乡关系，独自奔走，广泛联系，创办了《南国生活》《南国导报》等杂志，宣传进步思想，启蒙缅华社会广大侨胞为民主革命贡献力量。抗日战争时期，四叔以学校作掩护，白天在学校教书育人，晚上搞抗日救亡活动，撰写演讲救亡文章，导演抗日救亡剧本，积极宣传抗日救国思想。1940 年，四叔在缅甸加入中国共产党，在侨界进步人士大力支持下，同年在缅甸独立创办仰华公学。仰华公学后来成为进步青年活动的重要据点和为缅华贫寒子弟服务的一所学校。尤其是在皖南事变后，为了保存革命实力，中共南方局领导人周恩来将一批国内进步文化人士如张光年、赵沨、李凌等疏散到缅甸仰光。杨章熹热情接待了他们，并邀请他们在仰华公学教书。这不仅解决了他们初抵缅甸的吃住问题，而且为该校注入了新鲜的血液。这些进步青年经常在校内举办以抗日救亡为主题的座谈会、朗诵会和歌咏会，提高了全校师生的思想觉悟。学校的抗日氛围十分浓厚，"读书不忘救国，救国不忘读书"就是当时学校流行的抗日口号。在仰华公学的经费处于最困难的时候，四叔用他每月大部分的工资补充学校的经费，支持仰华公学的正常运转。他创办了缅华图书社（现缅华图书馆，位于仰光广东大街），为响应中共的抗日救国方针，先后组织并领导了缅华抗日救亡宣传工作团①、中华民族解放先锋队缅华总部②等进步团体，发表了《缅华抗日救亡教育实施纲领》等著作，推

① 缅华抗日救亡宣传工作团是抗日战争时期缅甸华侨自发组织的爱国团体，通过文艺宣传、筹款募捐、教育动员等方式，在凝聚侨心、支援祖国抗战中发挥了重要作用。

② 中华民族解放先锋队缅华总部是抗日战争时期由缅甸华侨组建的爱国团体，隶属于中国共产党领导的中华民族解放先锋队（简称"民先队"）海外分支。该组织由杨章熹等进步华侨知识分子主导。

动缅甸华侨积极投身抗日救国运动。

缅甸华侨战时工作队是在侨党的领导下建立起来的一支反法西斯侵略的革命队伍，于 1942 年 5 月从缅北撤回昆明，虽逃脱了法西斯的魔爪，却又陷入国民党反动派的“白色恐怖”中，生活不安定，组织上为了保存这支爱国力量，决定把他们分散隐蔽，其中由杨章熹带领杜坚（四婶）、柳金柳等部分战工队员到云南建水县建民中学学习或工作。

建民中学由爱国知识分子刘宝煊于 1938 年创立，在中国共产党地下党组织的影响和领导下，得到地方进步乡绅和爱国商人的鼎力资助，学校仿照延安抗日军政大学的办学模式，传播科学文化的同时，积极开展抗日救亡活动，鼓励师生们的革命精神与爱国热情，办成了一所培养进步青年的革命摇篮，培养了大批后备干部和革命人才。许多师生走上了革命道路，因此学校被称为“滇南小抗大”。建民中学课余生活丰富多彩，每学期期末都举办大型的文娱活动，战工队到达学校后，学校文娱生活更加活跃，从延安来的共产党员方钟伯老师和杨章熹合写了一部抗日题材的话剧《故乡》，由老师和学生同台演出，一时间，建民中学的爱国热情和进步思想影响到社会，激发建水人民的抗日爱国激情。1946 年，四叔杨章熹再次回到仰光开展地下党工作。

为了向缅华广大职工青年宣传新文化思想和爱国思想，1948 年，四叔联合福建永定籍陈兰生和卢定干先生，借用南佛陀民众小学校舍，共同创办业余夜校，后业余夜校更名为业余公校（业公学校）。学校发展很快，因校舍不够用就迁到十八条街华侨小学茅屋校舍上课，为缅华社会培养了很多进步人才。随着形势变化，华小学生日益增多，教室不够用。四叔与廖赞魁校长共同筹集资金，拆除茅屋，在原址上重建一栋土木结构的教学楼。同年，缅甸华侨创办南洋中学（以下简称南中），推举饶伯勋先生为创校委员会主任委员，邱立才为副主任，陈兴邦为财政。杨章熹担任总干事，后来是南洋中学第二任校长。四叔为办好这两所学校，身体力行，身兼两职，白天在南中，晚上亲到业余公校上课。我每次到夜校找叔叔，怕影响他上课，就先在教室外面，边等候边听他讲课。他经常结合国内外形势，向同学们介

南中校舍

绍国内社会主义建设各方面取得的成就，激发同学们的爱国热情。这些课对我影响至深，使我从小树立起热爱祖国、热爱人民的进步思想，向往祖国人民的幸福生活。

四叔杨章熹在缅甸从事缅华进步教育文化事业达十多年之久，他还创建了缅华教育工作者协会、缅华公立书报社、缅华文教社和缅华图书馆等社团和机构。其间，他撰写了《战后缅华教育底理论与实践》《华侨新文化运动的理论与实践》等著作，为缅华进步教育文化事业做出了巨大的贡献，对我影响深远。1953 年，四叔奉命调回中侨委工作，我代表全家到仰光八号码头送行。1954 年，缅甸归侨杨章熹、陈水城、陈倚石、陈兴邦、丘堇兢 5 人出席中侨委扩大会议。

三、缅甸求学

1953 年，我刚好小学毕业，是否升学，犹豫不决。四叔回国前再三叮嘱：家里有困难，也不应该放弃学习。困难是暂时的，想办法总可以克服，一定要珍惜学习机会。要学好知识，学好本领，将来争取回国升学或参加社会主义建设事业。因四叔资助我初中学习费用，我才有机会进入南洋中学就读。

毕业后，我到一家土杂店边当学徒，边学记账。后来，经朋友介绍到《新仰光报》（晚报）担任派报员（投递员）。这份工作，可以两头兼顾，上午读书，下午放学后去派报。每月工资可以用来解决在校中餐、交通和书杂费等开支，我又有机会重返校园，开始了高中学习生活。

中华中学师生留念（后排右七为杨允厚）

我坚持半工半读，学完高中课程，这既不容易，也很辛苦。每天听到放学钟响就匆匆忙忙离开教室，到车站坐上巴士，从学校高解（缅甸地名，音译）火速赶回家，迅速脱下校服，换上工作服，急匆匆骑上自行车，奔向报馆，拿到报纸后，又要风雨无阻，马不停蹄地赶往郊区巴罕、高解、和平塔（缅甸地点，音译）等地派报。

仰光雨季天气变化大，一会儿万里无云，一会儿又暴雨如注。有一次，我离开报馆时晴空万里，送报途中却又突如其来下起倾盆大雨，我急于赶路顾不上避雨，被淋成落汤鸡，眼镜被雨点挡住视线，加上天黑，看不清前方的汽车，突然被迎面开来的小车撞倒在地。幸好汽车速度慢，只撞坏自行车，身体受点皮肉伤，没伤到筋骨。我不得不强忍伤痛，继续迎着风雨，坚持派完报后才回家。

祸不单行，一波未平一波又起。我的自行车被偷，丢了交通工具，面临失业。关键时刻同班同学杜跃宽回家探亲，托我帮他派送《人民报》和《南国画报》（月刊）。那年暑假，我兼任三家报社派报员，每天早出晚归，辛辛苦苦干一个月，终于筹够钱买了辆自行车，化解失业风险。高中学习压力大，我兼顾学习和工作，功夫不负有心人，1959 年年底，我如愿考取厦门大学海外函授数学系，学生证号是 3558。

我爱好文体活动，常到缅华店员联合会会所打乒乓球，互相交流，同时根据《如何打乒乓球》，学习各种打法和脚步训练，球技提高很快，在校内乒乓球比赛中荣获单打冠军；1959 年，我代表南洋中学代表队参加“国庆杯”比赛和春节文娱广场乒乓球比赛，分别获得第二和第一名；1961 年，我还代表应和（梅县会馆）队参加缅甸体委举办的乒乓球团体赛。我还合理安排时间，到海燕歌咏团学习唱歌，学习中国民间舞蹈；晚上，则到华小校友会学习吹奏黑管和萨克斯。乐队常应邀到婚宴礼堂演奏助兴，每场演奏收入如数上缴校友会。

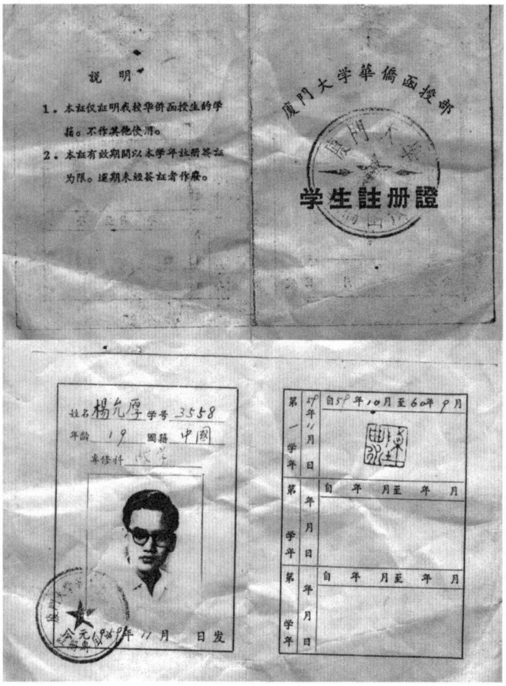

杨允厚的学生证

四、海燕歌咏团

1949年，缅甸华侨中学、南洋中学、华夏中学、福建女校、中华、华小等爱国侨校的学生自治会，以团体会员制的方式组建了缅甸华侨学生团体，简称缅华学联。华美（教会）学校音乐课专唱耶稣歌曲，部分青年学生和音乐老师就教唱国内流行歌曲，但遭到学校拒绝。缅华学联为满足这部分学生的要求，成立了华美个人会员歌咏队，后因形势发展，歌咏队开始吸收南中、华中、中立和教会学校参加，更名为“学联歌咏队”。1955年，缅华学联自动解散，更名为“海燕歌咏团”。海燕歌咏团坚持逢年过节向侨胞献艺，参加侨界联合演出，举办多次“音乐舞蹈晚会”，还演出过歌剧《江姐》，深受侨胞欢迎。1956—1966年间，

2019年，杨允厚到缅甸参加庆祝海燕歌咏团成立63周年联欢晚会

海燕歌咏团举办多届以歌颂中国共产党、歌唱祖国人民幸福生活为主题的“海燕歌咏团音乐舞蹈晚会”，演出很成功，深受侨胞欢迎，并得到潘兆民先生的赞助，买了五十尺路（街名）团所和钢琴等管弦乐器。为让歌咏团后继有人，1961 年，海燕少年歌咏团成立少年儿童歌咏团（小海燕）。1962 年，由林钦平、陈祥炎团长带领海燕歌咏团前往勃生市华侨中学、渺洺市中华中学访问演出，受到两校师生和当地侨胞的欢迎。

1960 年，中国代表团访问缅甸期间，海燕歌咏团选派成员向代表团拜师学艺，以提高表演水平，我们还聘请缅甸舞蹈家吴钦友来团指导教授缅甸喜闻乐见的“阿迎舞”（音译）、古典双人舞等。海燕歌咏团也有团员随缅甸文化代表团访问北京，为中缅文化交流做出了贡献。我任歌咏团团长、副团长期间，曾出席耿飚大使举行的春节元宵招待会。1964 年，周恩来总理、陈毅副总理访问缅甸，我参加了安全保卫工作。

海燕关帝庙歌咏团庆祝成立63周年

【本报记者 杨善金 仰光报道】2月14日，海燕关帝庙歌咏团在仰光梅花皇宫海鲜大酒家举行成立63周年庆祝晚宴。海燕关帝庙歌咏团团长黄庆燕、歌咏团全体成员与受邀嘉宾等出席晚宴。

宴会开始，海燕歌咏团员齐声献唱《海燕团歌》，唱出了对海燕团的热爱，唱响美好的生活，赢得现场嘉宾热烈的掌声。

“今天是海燕关帝庙歌咏团相聚的时刻，心里非常激动，时隔三个春夏秋冬，又迎来了相聚时刻，这将是我们又一个难忘的好日子。”黄庆燕团长致辞说，在这漫长的岁月里，歌咏团的骨干团员移居到中国大陆及中国台湾、香港、澳门地区，以及澳大利亚、美国等国家，但始终不忘记歌咏团，年轻时的往事。为了团庆他们不辞辛劳，长途跋涉特地赶来参加团庆，相聚一起回味往事。“在这美好的时光里祝大家新年快乐，身体安康，阖家幸福，再次拥抱海燕歌咏团”，黄团长说。

随后，海燕歌咏团员合唱《我的祖国》、《保卫黄河》等歌曲，歌声嘹亮，配合默契，精彩的演出吸引着台下嘉宾的目光，赢得阵阵掌声。紧接着是各民族舞蹈表演，演员主要来自世界各地的老团员组成，虽然排练时间仓促，但有艺术功底的老团员们表演起来的节目个个神清气爽，精彩纷呈，将宴会推向高潮。

当晚，歌咏团团员们共同举杯，向在座嘉宾祝愿拥有美好时光、新年快乐、身体健康。晚会在团员们的那精神昂然的美妙歌声与精彩舞姿中圆满落幕。

缅甸当地的华侨报纸对海燕歌咏团的介绍

五、在缅甸教书

中华人民共和国成立之后，广大侨胞的爱国热情特别高涨，各地侨胞为让子女接受中华文化教育，学习中文，在侨领的带动下，集资创办许多华侨学校。20 世纪 50 年代，各地创办的侨校如雨后春笋，发展得特别快，对教师的需求也大。为了减轻母亲的负担，高中毕业后，我向缅华教师联合会申请到侨校当教师。

缅甸伊洛瓦底省茂礼县侨居很多福建永定籍华侨，1950 年，茂礼县侨胞复办启民学校。当时只办小学，继续升初中要到邻县竖榜华侨中学住校就读，不但不方便，还增加了家庭负担，贫困家庭子女因经济上无法负担而放弃读初中。1959 年，茂礼学校的家长纷纷要求学校增办初中，经学校校务委员会研究同意后，即派学校教务主任巫授平到仰光缅华教师联合会（以下称教联）招聘教师。经教联负责人张基良老师推荐，我应聘为学校老师，任教一学期（6 个月）。10 月底，我与江瑞堂老师一起乘坐夜班轮船前往学校报到。

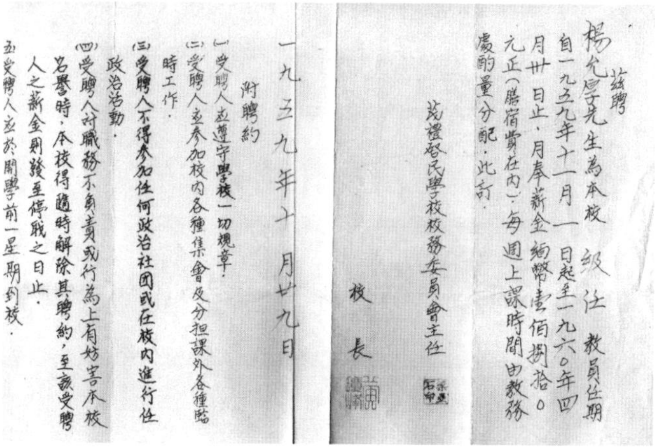
茲聘
楊允厚先生為本校 級任 教員任期
自一九五九年十一月一日起至一九六〇年四
月卅日止。月奉薪金緬幣壹佰捌拾〇
元正（膳宿費在內）。每週上課時間由教務
處酌量分配。此訂。
茂禮啓民學校校務委員會主任
校長

一九五九年十月廿九日

附聘約
（一）受聘人应遵守學校一切規章。
（二）受聘人应参加校內各種集會及分担課外各種臨時工作。
（三）受聘人不得参加任何政治社团或在校內進行任政治活動。
（四）受聘人対職務不負責或行為上有妨害本校名譽時，本校得隨時解除其聘約，至該受聘人之薪金則發至停職之日止。
（五）受聘人应於開學前一星期到校。

缅甸茂礼启民学校 1959 年给杨允厚的聘书

茂礼县属伊洛瓦底省，是一座海岛农业县。每年雨水充沛，但没有淡水，饮用水全靠储存雨水解决。当年交通不发达，仰光到伊洛瓦底省各县之间均不通公路，人员来往全靠水路。我们从仰光磨顶码头坐夜班轮船，凌晨抵达竖磅码头，旅客上下船后，继续往前行驶，东方泛白时抵达终点茂礼码头。

启民学校是一所中立学校，受聘教师不得参加任何政治社团和在校内进行任何政治活动。违反规定或工作不负责任，校方有权解除聘约，教师每次聘期 6 个月。学校是一栋三层土木结构楼房，二楼是老师办公室和低年级教室，三楼除初中和高年级教室，还有三间老师宿舍。教职员工 10 人，学生 300 余人。每间教室安排两个年级，老师采用交叉上课法，先安排一个年级做作业，然后再给另一年级讲课。学校聘用一位广东籍校工，给我们住校的 3 个教师做饭，解决我们的后顾之忧。

学校安排我任班主任，教语文、算术和音乐课，兼任学校乐队教练。我第一次走上讲台，面对一群天真可爱的学生，思想压力很大，有点胆怯，不知如何上课。后来虚心请教老教师，才慢慢克服自身的不足。为了上好每节课，我晚上认真备课，批改作业，尽量做到上课严肃认真，讲课内容生动、易懂。

中华人民共和国成立后，缅甸各地华侨进步青年和侨校学生经常唱进步歌曲，歌颂中国共产党，歌颂中国人民幸福生活和社会主义建设新成就。经校方同意，音乐课我也教唱进步歌曲和国内电影歌曲，同学们都很喜欢。我还重组学校乐队，并定期排练。1960 年年底，学校举办校庆文艺演出，我排练大头娃娃舞蹈、笛子合奏等节目，均受师生们欢迎。

学校因没有运动场地，没有开设体育课，但教学楼旁边有一小块闲置地，我们3位年轻教师发扬“有劳动的精神，有创造的力量”的南中精神，每天下午放学后，组织初中同学到空地上锄草平地。通过同学们两星期辛勤劳动，终于平整出一块篮球场，虽不标准但可供学生锻炼身体，师生都很满意。学校经常组织篮球比赛，从中选拔球员。1961年1月，组建启民学校篮球队，参加茂礼县缅甸独立节杯篮球比赛，荣获第一名。当队员们手捧奖杯满载而归，不但受到全校师生的热烈欢迎，而且提高了学校知名度。我还组织校乒乓球队，为缅属侨校学生运动会提前训练队伍。

侨校国有化之后，仰光育侨学校王俊宏校长将全校师生化整为零，开办了几十个华文补习班，每个班的人数不超过19人。学校放学后，老师到学生家里教汉语，坚持华文教育，弘扬中华文化。

六、仰光育侨小学

仰光东区梅县籍爱国侨领朱廉我、王敬忠等共同商议创办一所进步学校。学校采用大陆教材，培养爱国、爱乡，热爱中国共产党的进步学生。他们的倡议不仅得到缅华教师联合会的全力支持，还选派了有丰富办学经验的缅华教师联合会工委常委、中国民主同盟成员王俊宏先生筹办，并任校长。

1961年，我离开茂礼，应聘到该校任教师兼管弦乐教练，1963年，应聘为生导主任。

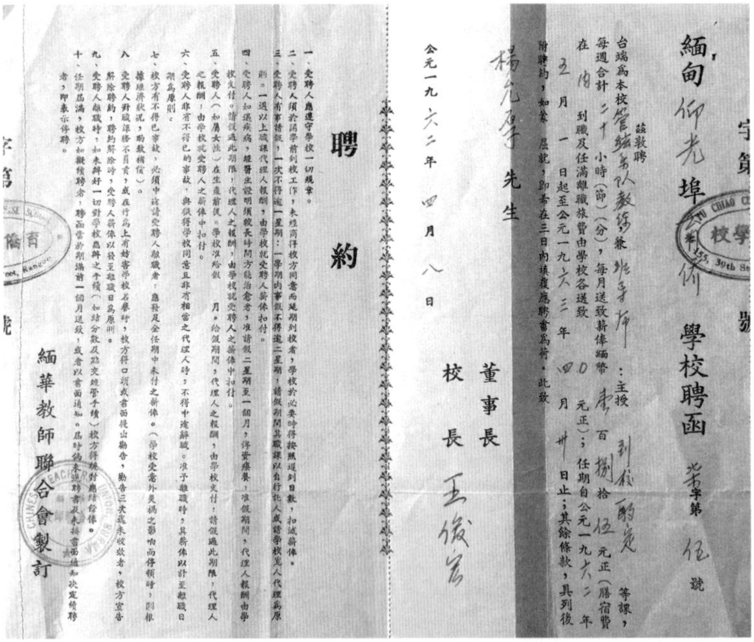

緬甸仰光埠育僑學校聘函 光字第伍號

茲敦聘

楊允厚先生

台端為本校管絃樂隊教練兼排字師：主授[illegible]等課，每週合計二十小時（節）（分），每月送致薪俸緬幣壹百捌拾伍元正（膳宿費在內 元正）；到職及任滿離職旅費由學校各送致○元正）；任期自公元一九六二年五月一日起至公元一九六三年四月卅日止；其餘條款，具列後附聘約，如蒙屈就，即希在三日內填覆應聘書為荷。此致

董事長

校長 王俊宏

公元一九六二年四月八日

聘約

一、受聘人應遵守學校一切規章。

二、受聘人須於開學前到校工作，未經商得校方同意而延期到校者，學校於必要時得按照遲到日數，扣減薪俸。

三、受聘人有事請假，一次不得逾一星期；一學期內事假不得逾二星期，請假期間其職課以自行託人或請學校覓人代理為原則。一週以上職課代理人報酬，由學校就受聘人薪俸扣付。

四、受聘人如遇疾病，經醫生證明須較長時間方能治愈者，准請假二星期至一個月，俾資療養，准假期間，代理人報酬由學校支付。請假逾此期限，代理人之報酬，由學校就受聘人之薪俸中扣付。

五、受聘人（如屬女性）在生產前後。學校准給假 月。給假期間，代理人之報酬，由學校支付；請假逾此期限，代理人之報酬，由學校就受聘人之薪俸中扣付。

六、受聘人非有不得已的事故，與徵得學校同意且非有相當之代理人時，不得中途辭職。准予離職時，其薪俸以計至離職日期為原則。

七、校方有不得已事故，必須中途請受聘人離職者，應發足全任期中未付之薪俸。（學校受意外災禍之影响而停頓時，則根據經濟狀況，酌數補償）。

八、受聘人對職課務不負責，或在行為上有妨害學校名譽時，校方得口頭或書面提出勸告，勸告三次遂未收效者，校方宣告解除聘約，聘約解除時，受聘人薪俸以發至離職日為原則。

九、受聘人離職時，如未辦好一切對學校應辦之手續（如結分數及點交經管手續）校方得緩付應結俸。

十、任期屆滿，校方如擬續聘者，聘函當於期滿前一個月送致，或者以書面通知。屆時倘未接聘書及未接書面通知決定續聘者，即表示停聘。

緬華教師聯合會製訂

仰光育侨学校 1962 年给杨允厚的聘书

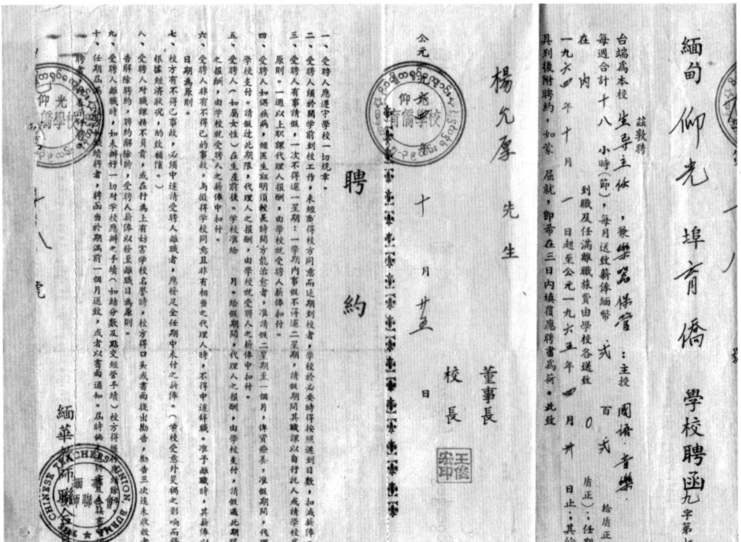

緬甸仰光埠育僑學校聘函 九字第十八號

茲敦聘

楊允厚先生

台端為本校生导主任，兼樂器保管：主授國語、音樂等課，每週合計十八小時（節），每月送致薪俸緬幣貳百貳拾盾正（膳宿費在內 盾正）；到職及任滿離職旅費由學校各送致○盾正）；任期自公元一九六四年十月一日起至公元一九六五年四月卅日止；其餘條款，具列後附聘約，如蒙屈就，即希在三日內填覆應聘書為荷。此致

董事長

校長 王俊宏印

公元 十月廿五日

聘約

一、受聘人應遵守學校一切規章。

二、受聘人須於開學前到校工作，未經商得校方同意而延期到校者，學校於必要時得按照遲到日數，扣減薪俸。

三、受聘人有事請假，一次不得逾一星期；一學期內事假不得逾二星期，請假期間其職課以自行託人或請學校覓人代理為原則。一週以上职課代理人报酬，由學校就受聘人薪俸扣付。

四、受聘人如遇疾病，經医生証明須較長時間方能治愈者，准請假二星期至一個月，俾資療養，准假期間，代理人报酬由學校支付。請假过此期限，代理人之报酬，由學校就受聘人之薪俸中扣付。

五、受聘人（如屬女性）在生產前後。學校准給 月。給假期間，代理人之报酬，由學校支付，請假逾此期限，代理人之报酬，由學校就受聘人之薪俸中扣付。

六、受聘人非有不得已的事故，与徵得學校同意且非有相当之代理人時，不得中途辞職。准予離職時，其薪俸以計至離職日期為原則。

七、校方有不得已事故，必須中途請受聘人離職者，應發足全任期中未付之薪俸。（學校受意外災禍之影响而停頓時。則根據經济狀況，酌致補償。）

八、受聘人对職課務不負責，或在行為上有妨害學校名譽時，校方得口头或書面提出勸告，勸告三次遂未收效者，校方宣告解除聘約，聘約解除時，受聘人薪俸以發至離職日為原則。

九、受聘人離職時，如未辦好一切对學校應辦之手續（如結分數及點交經管手續）校方得緩付應結俸。

十、任期屆滿，校方如擬續聘者，聘函当於期滿前一個月送致，或者以書面通知。屆時倘未接聘書及未接書面通知決定續聘者，即表示停聘。

緬華教師聯合會製訂

仰光育侨学校 1964 年给杨允厚的聘书

育侨学校开办后，王俊宏校长以校为家，一心抓好教学质量的同时，更注重抓好德育和综合素质教育，培养德智体美劳全面发展的学生。老师们在教学上兢兢业业，呕心沥血，不仅要传播科学文化基础知识，上好每一节课，更要传播爱国、进步思想，培养学生们树立爱国、爱乡的民族情愫。学校同时很注重课外文体活动，利用课余时间，组织学生排练舞蹈，参加“春节文娱广场”等各类文艺活动，向侨胞们展示办学成果；学校管弦乐队每年向侨领的家长拜年，获得侨胞交口称赞；体育方面，学校以平时训练为基础，组织学生参加缅华体育总会举办的仰光侨校小学运动会，都取得了较好成绩。学校地处大街路口，各种汽车来往频繁，且车速较快，为了保证学生的安全，在值班老师的带领下，学校成立了热心学生服务队，课余时间到教室维持秩序。放学后，学生服务队到大街路口护送低年级学生安全过马路，学校自建校以来从未发生过交通事故。

这些活动的开展既培养了学生的综合素质，也提高了学校知名度，赢得了家长和社会的好评，大家都愿意把小孩送到育侨学校读书，学校很快发展成有1000多名学生、30多名教师的学校。

七、回国

缅甸侨校国有化后，很多教师失业。1966年7月25日，我选择了离开侨居地，牢记心中的理想和信念，踏上了回国之路。在仰光机场，我与前来送行的亲友们依依惜别，除了家中的亲人之外，还有朝夕相处、感情至深的育侨师生，以及海燕歌咏团的团员。从昆明经广州到福州，一路上得到了祖国各地侨务部门的热情接送、食宿安排和无微不至的关心，我深深地感受到了祖国的温暖。

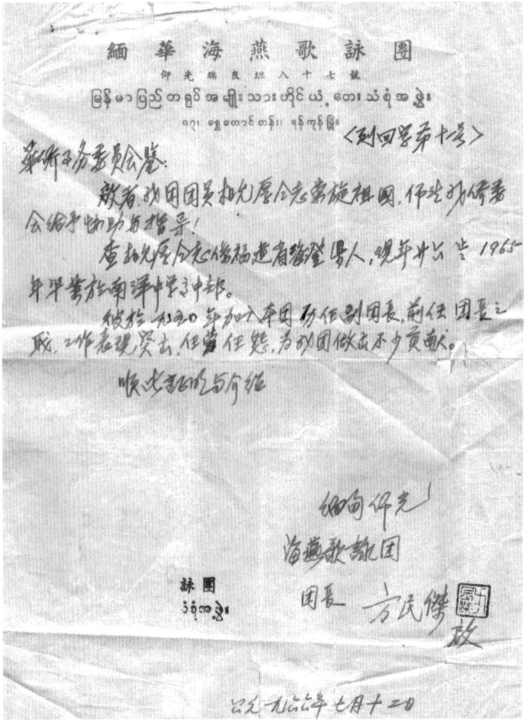

緬華海燕歌詠團

〈列回字第十号〉

华侨事务委员会鉴：

敬者，我团团员杨光厚同志将旋祖国，希望贵委员会给予协助与指导！

查杨光厚同志系福建省海澄县人，现年廿六岁，1965年毕业于南洋中学高中部。

彼于一九六〇年加入本团，历任副团长、前任团长之职，工作表现突出，任劳任怨，为我团做出不少贡献。

顺此证明与介绍

缅甸仰光
海燕歌咏团
团长 方民杰 启

公元一九六六年七月十二日

缅华海燕歌咏团出具的回国证明

根据福建省侨办投亲靠友的政策，我被安置到福建省连江县长龙华侨农场，与母亲、大姐一家团聚。去农场报到前，我前往泉州华侨大学，探望分别十多年的四叔杨章熹，感谢四叔的资助，使我有机会进入缅甸南洋中学学习，接受新思想、新文化和爱国主义教育。我向四叔介绍了高中毕业后从事缅华侨校教育工作和参加爱国文艺侨团活动的经历，同时，向四叔表明

缅甸育侨学校为杨允厚（前排中）回国送行

了参加新中国建设的信心和决心。四叔勉励我说：“农村是广阔的天地，年轻人到那里大有作为。要加强政治学习，提高政治觉悟，坚持走社会主义道路，全心全意为人民服务。从学习农业知识入门，尤其要学好茶叶种植知识，为农场生产发展做出贡献。”

1966 年 8 月，我离开福州乘汽车前往长龙华侨农场报到。长龙华侨农场位于连江县东北部山区，距福州 56 千米，距连江县城 23 千米，平均海拔 400 多米，是全县海拔最高的山区。1960 年建场，先后安置印度尼西亚、缅甸、越南等 8 个国家归（难）侨，是闽东地区主要侨乡之一。农场面积 8 平方公里，有茶园 2800 多亩，1800 多人。农场有 7 个生产队，其中的红旗生产队负责安置“上山下乡”的知识青年。1965 年，100 多名厦门集美华侨补校侨生响应知识青年“上山下乡”的号召，分批来到农场安家落户。农场气候潮湿，夏天凉爽，冬天寒冷、雾大，适宜种植茶叶。农场设有两所小学、一所农业中学和医院，可基本解决初级教育和就医问题。

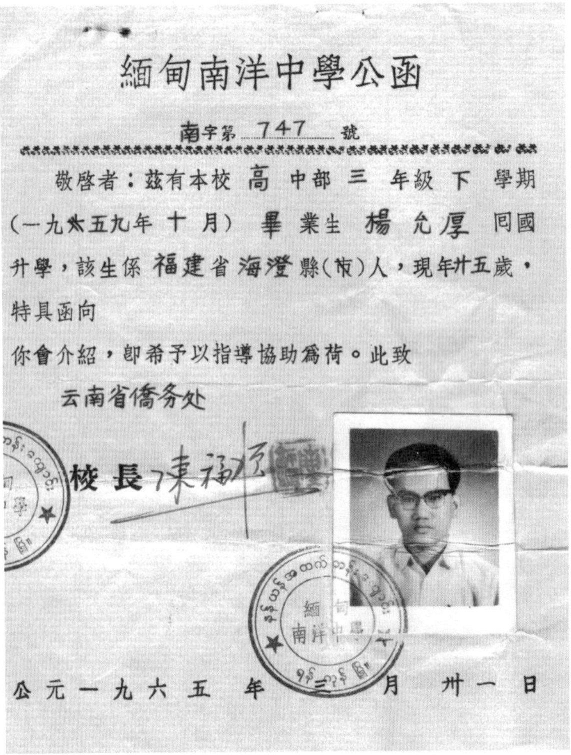
緬甸南洋中學公函

南字第 747 號

敬啓者：茲有本校 高 中部 三 年級 下 學期

(一九五九年 十 月) 畢 業生 楊 允厚 回國

升學，該生係 福建省 海澄 縣(市)人，現年廿五歲，

特具函向

你會介紹，即希予以指導協助爲荷。此致

云南省侨务处

校長 陳福[illegible]

公元一九六五年 三 月 卅一 日

缅甸南洋中学公函

八、在农场工作的日子

红星生产队负责安置1965年回国的缅甸归侨，还有几十个集美侨校知青。我落户在该队，开始了人生新征程，由海外教书匠转型为劳动生产者，且要面临各方面的考验。

（一）种茶

我刚到农场正值夏天，休息几天后便开始干活，主要生产任务是茶园管理，上茶山中耕锄草。我随同老场员一起，头戴草帽、两脚踩地背朝天，在赤日炎炎下不停地中耕锄草……为了完成任务，汗流浃背也不舍得停息。中耕完一片茶园后，再由强劳力从山下挑来农家肥，施上肥料，让茶树长得快又壮，期盼迎来茶叶好收成。当时我年轻力壮又不甘落后，鼓起勇气学挑起气味难闻的农家肥，沿着茶山小道，像扭秧歌似的，一路左摇右晃挑肥上山，虽然艰辛，但心里却很高兴。

我从小在仰光长大，没干过农活，也没见过茶树。第一次参加茶园中耕劳动，因碍于面子，不懂装懂，没有虚心向老场员请教，反而自以为是、自作聪明，闹出了锄茶树留杂树的笑话。当时，受老场员批评的情景令我终生难忘。那一阶段的劳动锻炼，让我深深体会到干农活的辛劳，每天醒来，只觉得腰酸背痛，手脚也不听使唤。虽有退却的想法，但经过思想斗争，最后还是坚定信心、咬紧牙关，继续坚持下去。

（二）担任生产队队长

农场场长由省侨办任命，各生产队队长则由场员大会选举产生，每届任期一年，连选连任。生产队队长主要负责安排本队生产任务，管理好场员生活。队长不是脱产干部，跟场员一样，出工记工分，按劳取酬、同工同酬。到生产队三个多月后，大家一致认为我劳动态度端正，不磨洋工（指出工不出力），能吃苦耐劳，且待人诚恳。1967 年年底，在红星生产队换届大会上，我当选为生产队队长。我深感担子重、责任大，暗下决心搞好工作，不辜负大家对我的信任。

在国营农场中，生产队是劳动组织的基本单位，设有队长、副队长、会计、出纳。为了更好地组织生产劳动，上任后，我将全队劳动力重新组成强、中、弱三个劳动小组，各组民主推选出组长，带领全队完成生产任务。生产队管理人员均不脱产，与场员同工同酬，但每月享有两天误工补贴。担任生产队队长工作十分辛苦，不但要天天坚守在生产第一线，与大家同工同酬，还要根据农场的年度计划安排好生产。不但要作表率，重活、脏活带头干，还要有吃苦在前、享受在后、甘于奉献的精神，方能赢得场员的支持，齐心合力按质按量完成生产任务。农场与生产队实行定额管理，各生产队根据完成生产情况，按强劳力干一天劳动记 10 个工为一元的工分值，拨款给生产队预发工资。红星生产队在各组组长的带领下，合理安排劳力，出工又出力，劳动不闲聊，不磨洋工，按质按量完成任务。因此，年终结算我队工分值可达 1.2 元，也就是说 10 个工分可以多领到 0.2 元钱，按每个劳动力全年总工分计算，还有几十元收入，让大家过个好年。

（三）开展副业创收入

农场虽地处东南沿海，但海拔较高，每到冬春季节，天气特别寒冷。无论是天寒地冻的天气，还是雾蒙蒙、雨绵绵的天气，大家都不会赋闲在家烤火取暖，而是抱着“不误农时不负春”的态度，纷纷投入生产劳动，破冰下田忙备耕。生产队除完成农场下达的任务外，为改善场员生活，还搞些副业来增加集体收入。我们建猪栏养猪，逢年过节就杀猪按劳动力分给场员，让大家高高兴兴过好节、过好年。我们开荒地种地瓜（红薯），收获的地瓜（红薯）分给场员，补充定量口粮，而地瓜叶则可作为猪饲料，可谓两全其美。离农场不远的透堡镇地瓜产量高，而且质量好，远近闻名。每逢种植地瓜的季节，我们来回走路二十几公里去镇上买地瓜苗。去程容易返程难，返回时烈日当空，挑着沉重的担子，沿着石板台阶一步一迈艰难前行，就算身体疲惫、肩膀疼痛也顾不上休息、纳凉，而是争取赶在太阳下山前回到家。

（四）以身作则带头干

红星生产队原没有种植水稻。1969 年，为了响应“深挖洞、广积粮、不称霸”的号召，主动提出种植水稻。农场的农田并不肥沃，为保收成，插秧前要多一道程序——浇秧根，就是把秧苗的根部浸上农家肥之后再栽秧。那时，大家都没干过这种又脏又臭的农活，谁都不愿意先动手，就在大家你看看我、我看看你，相互对望的那一刻，我毫不犹豫地带头抓起一把草木灰，涂在右手臂（用水冲洗后可除臭），然后将一把把秧苗放进桶里，蘸上农家肥后再插秧，就这样带领大家干起来……记得有一天，天气特别寒冷，又下着毛毛细雨，生产队安排休息。我突然想起还有几块地没耙田，于是不顾天气寒冷，戴上斗笠、穿起蓑衣（棕树叶雨衣）、肩背铁耙、手牵耕牛，赶到家附近的山谷田耙田。当双脚踩进水田那一瞬间，感觉冰冷刺骨、浑身发抖……几经来回耙田之后，冻僵的双脚才慢慢恢复知觉。那天，刚巧遇到地区侨办领导来生产队检查备耕工作，我只得暂停农活，站在田埂上向领导汇报。领导很满意我队的备耕工作，在生产队队长会上我也受到了表扬。我队还有双季稻试验田，每年双抢季节（7 月抢收早稻，月底抢种晚稻）是最忙、最累的时候。农场提出不插“八一”秧（秧苗必须在 7 月底前插完，过了“八一”水稻收成就不好），我先动员大家抢收早稻，接着马不停蹄地投入晚稻备耕，抢在 7 月底完成插秧任务。

为了解决农田灌溉的问题，农场决定在卢峰山修建水库。我们生产队不甘落后，选派出强劳动力，天天早出晚归参加水库修建工程。工地上红旗招展，挖土的、挑土的、打夯的，忙碌的身影随处可见。在一片“嗨哟”“嗨哟”的劳动号子声中，大伙儿你追我赶，干劲十足地夯实库坝，提前完成了水库建设任务。根据我的建议，水库命名为“四五水库”，因它是国家在第四个“五年计划”时期修建而成的，具有时代意义。

1972 年年底，我调到农场综合机修厂任领导小组副组长，分管交通运输。我上任不久，驾驶员反映，场部个别干部用公车私运木材。在厂领导的支持下，我们让当事人补交了运费，这件事情得以及时解决，我从而在单位树立起威信。我常下第一线参加劳动，学习车床操作、保养修理汽车，逢驾驶员休息，还开手扶拖拉机为生产队运送物资，为茶厂运送青茶，确保完成运输任务。

（五）光荣入党

1972 年 6 月 27 日，我光荣加入中国共产党。9 月，我到连江县委党校学习。那个年代，参加学习的学员要自带行李，睡在大教室，条件虽然艰苦，但大家都非常珍惜难得的学习机会，专心听课，学党章、党史、党的理论，争取做合格的共产党员。1973 年 10 月，我被评为连江县“五好民兵”，并出席宁德地区第二届民兵代表大会。

1974 年，经妹妹杨秀治推荐，我调到云南省开远铁路中学任教，接任 75 届初三（四）班班主任，并兼任初三年级教师组长。那时正值“文革”时期，受“读书无用论”影响，学生觉得读书没用，因而上课不遵守纪律，喜欢打闹，影响老师讲课。为帮助学生端正学习态度，树立起尊师守纪的班风，我带领学生到农场参加劳动锻炼，学习肩挑手锄的技能和农场作物栽培知识，让同学们从中体会到“锄禾日当午，汗滴禾下土。谁知盘中餐，粒粒皆辛苦”的艰辛。我也满足学生的需求，同意他们劳动休息后，集体到水库游泳，劳逸结合，很受学生们欢迎。学校还请解放军来学校进行军训，激发学生国防观念和国家安全意识，提高学生对遵纪守规重要性的认识。我严格要求自己，和学生同吃同住同劳动，与他们打成一片，建立了友好的师生关系，到现在仍有很多学生会到昆明来看望我。

1975 年，我被评为开远铁路分局先进工作者，1980 年出席中共昆明铁路分局第五次代表大会，1983 年任开远市第一届人大代表，1984 年任云南省归国华侨联合会第四次代表大会代表。

九、从事侨务工作

1985 年，我由开远调到省侨联工作，任办公室副主任。同年，国务院下发关于清理整顿公司的相关通知，组织安排我负责清理省侨联劳动服务公司，与昆明市侨联的陈高福同志一起筹建省、市侨联会所。为了保证工程质量，我们通过招标方式确定施工队，确保工程保质保量按时完成。

在省、市侨联前合影（右三为杨允厚）

1994 年，我任省侨联经济联络处处长。任职期间，经济联络处的工作重点是加强对外联络联系，邀请海外华侨华人来昆参加“昆交会”（中国昆明进出口商品交易会），为他们来滇投资做好牵线搭桥、协调服务；同年，我获得中国侨联“爱国奉献奖”。1996 年 8 月，澳门邦泰装饰工程有限公司董事长林沧伟先生应邀参加“昆交会”。在这期间，在省海外联谊会、省侨联的引荐下，林沧伟先生与云南中达温泉俱乐部有限公司董事长张跃忠

中国侨联颁给杨允厚的“爱国奉献奖”

达成合作协议，成立合资企业——云南海联俱乐部有限公司。后由于中方资金不到位，退出合资公司，云南海联俱乐部有限公司更改为云南海联皇廷饭店有限公司。经省政府批准，云南交通厅与香港万通有限公司就经营权达成协议。我根据省侨联的安排，发挥在缅甸工作多年的优势，积极联系，邀请缅甸原育侨学校校长王俊宏先生来昆明参加“昆交会”，安排并陪同考察石安公路车流量等情况，与省、市有关部门洽谈石安公路经营权转让事宜。

王俊宏先生的祖籍是广东梅州，他一直十分关心家乡教育事业发展，成立了“王俊宏教育助学金”，用于资助贫困归侨侨眷子女就学，他在得知省侨联经费紧张的情况后，为庆祝省侨联成立四十周年、云南省侨联第八次归侨侨眷代表大会赠送纪念品，为云南缅甸归侨联谊会 1997 年联欢会暨换届会议赠送抽奖手表50块。我们还邀请缅甸南洋国际有限公司到昆明鸿瑞公司参观饮料生产线，促成双方达成购销合同，后因产品不符合外方要求，终止合作。按合同约定，外方如数退还预收款。

杨允厚（中）在缅甸南坎华文学校与教师座谈

1997年，尹曰庄主席调到省人大外事华侨工委任副主任，我当选为省侨联副主席。1998年，我任省政协第八届委员会委员，兼港澳台侨外事委员会副主任。在这期间，我常深入基层调研，积极参政议政。1998年，我参加省侨办在德宏州芒市召开的各地州（市）侨办外联、华文教育工作会议，听取了各地外联、华文教育工作开展情况介绍，很受启发。会议期间，我受省侨办李为佑主任委托，与部分出席会议代表到缅甸南坎华侨学校、五戒佛经学校考察，在详细了解学校师资、课程设置、教材供应情况及侨校办学存在的困难后，由我们提交的“改善我省对外招商办法，推动世界滇人联合会召开”“增拨侨务经费，支持海外华文教育”两个提案被评为优秀提案并落地实施。1999 年，以“人与自然——迈向 21 世纪”为主题的世界园艺博览会在昆明成功举办，同期举办了首届世界云南同乡联谊大会，本届联谊大会围绕“爱我故乡，振兴云南，携手迈向 21 世纪”主题，由中共云南省委统战部（云南省人民政府侨务办公室）、云南省归国华侨联合会、云南省海外交流协会、海外联谊会共同主办。“99 世博会”期间，在省侨联党组的支持下，我有幸参与省政协港澳台侨外事委员会的相关工作，接待了以全国政协副主席、澳门特别行政区筹委会副主任、澳门中华总商会会长马万祺为团长的澳门代表团一行 18 人，参加世博会开幕式、澳门馆开馆仪式。

十、老有所为　老有所乐

2001 年，我光荣退休，继续发挥自己的特长，发起组织省委机关老年体育协会（以下简称“老体协”）侨联分会，组织会员参加每年省委老体协举办的运动会，并取得较好成绩。我热心为老同志服务，任省委机关老体协理事、乒乓球项目组组长，每年省委老体协办两次运动会，要负责安排好乒乓球比赛日程。此外，我还组织代表队参加每年健身日、省老体协在昆明主办的全民健身活动乒乓球比赛，带队参加云南省第四届至第七届老年人健身大会乒乓球邀请赛，每次都顺利完成任务，我多次被省委机关老体协评为“先进个人”、乒乓球组被评为“先进集体”。

杨允厚（左二）参加云南省老年体育健身大会

近年来，我与老伴多次到缅甸、中国香港和澳门探亲访友，参加海燕歌咏团团庆、育侨学校教师宴联欢会、南洋中学校友会、华小（仰光华侨小学）校友会春节联欢会，赴中国香港与长龙华侨农场和原各队生产队队长相聚。老同学、老朋友相聚，共忆往事，同学友情，其乐融融。他们虽身在境外，但十分关心国家发展。每次见面，我都向他们介绍改革开放以来国家发生的变化，特别是党的十八大以来，国家在各方面的发展和取得的成就以及我国“两个一百年”奋斗目标，大家都相信，中国共产党是伟大光荣的党，完全有能力解决在发展过程中存在的问题，完全有能力带领中国人民走向更美好的未来！

2022 年，我获“光荣在党五十周年”纪念章，省侨联徐盛兴副主席亲自到我家向我颁发纪念章。

赤子丹心　园丁情怀

王东白

王东白和夫人在缅甸

被访谈者简介： 王东白，男，祖籍福建南安。1942年出生于缅甸。1950年始，先后在缅甸绕彬九华侨小学、卑谬中兴中小学、仰光华侨中学和南洋中学读书。1962年高中毕业后受缅华教师联合会派遣，先后在甘马育群英学校、丹老华侨中小学校和仰光华侨中学任教。1965年回国，先后在陆良华侨农场中学和昆明华侨学生中等补习学校任校长。1993年调云南省侨办工作，1998年受国务院侨办外派，赴缅甸腊戌果文中学及仰光福星语言与电脑学苑从事华文教学七年。

访谈地点： 昆明市王东白住所

访谈时间： 2021年9月16日

访谈和整理： 毕娇娇　王东白

一、伊江风月朗　南国岁月稠

我于 1942 年出生在缅甸伊洛瓦底江下游的一个叫通波的小城镇。那是日本帝国主义的铁蹄肆意践踏这片佛教净土的年代，父母为了躲避战祸，带着我和襁褓中的妹妹四处奔波，饱受颠沛流离之苦。日本战败撤退后，英国殖民主义的魔爪又伸进了缅甸。1948 年 1 月，昂山将军和吴努等人领导缅甸人民进行前仆后继的斗争，缅甸才摆脱英国的殖民统治，宣告独立。1949 年 10 月 1 日，中华人民共和国成立。祖国的解放极大地鼓舞了广大海外侨胞，从此浪迹天涯的游子有了靠山，羁旅海角的孤儿有了娘。独立后的缅甸经济迅速发展，加之物产资源富饶，呈现一派盛世景象。

我的童年和少年时代就是在这升平的年代里度过的。缅甸独立后，我们便定居在缅西的一个重镇——绕彬九埠（当地闽侨把这种小城镇称为“埠”，仰光的华侨把缅属各地的城镇称为“山芭”）。缅甸 1877 年修建的从仰光至卑谬的全国第一条铁路途经绕彬九，距卑谬仅六七十公里。国家的独立、生活的安定，使侨胞们萌生了开办学校培养后代、传承中华文化传统的想法。于是，从20世纪50年代初至60年代中期，全缅各地的侨校如雨后春笋般蓬勃发展开来，估计有三百所左右。我在绕彬九华侨小学读到三年级时，父母便把我送往卑谬中兴中小学校就读，寄住在外婆家。

王东白（左二）缅甸全家福

我记忆中的侨校，是侨胞们的精神寄托，是侨生们学习知识的乐园。平日里，侨胞们都喜欢到侨校打篮球、乒乓球，玩乐器，举办婚庆，开展各种文体和庆典活动。侨校常常张灯结彩、喜气洋洋，成了当地华侨集会和活动中心。远在异国他乡的游子，始终保留中华美德和传统。同时，他们又受当地人文的熏陶，经常和缅甸人民穿戴同样的服饰，沿袭相同的风俗习惯。缅甸人昵称华侨为“瑞苗胞波”，意即“像亲戚一样的同胞兄弟”，华侨华人和缅甸人民友好相处，从心底里热爱这片土地，把它视作第二故乡。

我父亲于20世纪30年代只身背井离乡、漂洋过海，从南洋各国辗转来到缅甸谋生。他古道热肠、乐善好施、热心侨胞公益，成了当地有名望的侨领。母亲则是一位勤劳、善良、贤惠的家庭主妇，她夙兴夜寐，相夫教子，独立操持家务。我们兄弟姐妹七人，在父母的呵护下，过着温馨的生活。

卑谬是古代骠族的都城。据缅史记载，公元前骠族曾在此建都，其国即我国史籍上所称的“骠国”。卑谬位于伊洛瓦底江下游及其支流纳温河汇合处的东岸，商业发达，风景优美。从小学到初中，有很多年的时光，我都是在卑谬中兴中小学度过的。在50年代，像中兴学校的设施和规模，在全缅各地的侨校中也为数不多。中兴的学生有八百多人，教职工四十多位。校长李天印先生和教务主任傅增奇先生不仅学识渊博，善于治校，还致力于当地侨界的公益事业。特别是李校长，堪称民间书法家。全埠凡有寺庙匾额、楹联乃至商店招牌、侨团堂匾、婚庆和寿宴大字，无不出自其手。其行书潇洒、遒宕、刚劲雄壮、气象峥嵘，若百川东流，给人以向上竞争、勇往直前的鼓舞。中兴学生受其影响，多有临习和模仿其字，后来在书法上也有所成者。绕彬九华小的倪少南老师，中兴的李懿训老师对我的教育和成长影响至深，使我终生难忘。他们言传身教，春风化雨，润物无声，除了正课的学习，还指导我们锻炼身体，学习课外知识。

中兴除了篮球场、理化和生物实验室等设施，其图书馆藏书甚丰。《西游记》《水浒传》《三国演义》《红楼梦》《聊斋志异》《儒林外史》《古代希腊的神话》《钢铁是怎样炼成的》《青春之歌》等，都是那个时候看的。我们还爱看在侨报上连载的金庸、梁羽生的武侠小说，常常被其巧妙离奇的构思和扣人心弦的情节所打动，以致废寝忘食。在悠然神飞的思绪中，在微妙难言的想象中，我仿佛穿越时空，徜徉在大师们构筑的多彩缤纷的世界里。

“携来百侣曾游。忆往昔峥嵘岁月稠。恰同学少年，风华正茂……曾记否，到中流击水，浪遏飞舟。”卑谬中兴的伊江之滨，留下过我孩提时代的足迹，也留下过我少年纯真的梦。伊江，见证了我的成长。

外婆家在中兴校园的后面，坐落在风景旖旎的伊洛瓦底江畔。伊洛瓦底江（简称伊江）是缅甸第一大河，缅甸人民称其为“天惠之河”，是缅甸民族的摇篮，缅甸光辉灿烂的文化发源地。伊江发源于我国青藏高原的察隅地区，全长 2150 公里，浩浩荡荡自北向南流贯全缅甸，注入安达曼海。

伊江的雨季，江水猛涨，波涛汹涌，咆哮着由北向南奔腾而去。旱季来临，水位下降，水光潋滟，河道中露出大量沙滩和礁石，这是伊江最温顺澄澈的时候。沿江的居民最爱在夕阳的余晖中到江边洗澡、游泳。中兴的中小学生每天下午放学后，便成群结队来到江边，或嬉戏，或游泳。我则喜欢在岸边捡五光十色的鹅卵石玩，练习向江中投掷，借以练习臂力。这个不经意的兴趣，为后来参加田径运动投掷标枪奠定了基础。每天，小伙伴们不约而同地来到江边，穿着小裤衩跳到齐腰深的水里，喊着、闹着，然后钻到水里，睁开眼睛看那成群的鱼虾在我们身边游过，欣赏着它们在那方天地里过着无忧无虑的生活。蓝蓝的天空在头上铺开，悠悠的白云在水面涌动。我们玩累了，饥肠辘辘难忍，便三三两两凑钱，向在沙滩边搭棚的瓜农买西瓜吃。那瓜又大又圆，一刀下去，红瓤甜润，我们吃得满脸瓜汁，还把瓜皮戴在头上，大家哈哈大笑，好不惬意。

记得有一天，当我们在沙滩边上游泳时，忽然听见有人喊："李 ×× 淹水了！快救人！"只见那同学在水中忽沉忽浮，两眼乞怜、恐惧，两手在空中乱抓，小伙伴们都惊呆了，谁也不敢上前去搭救。说时迟那时快，我来不及多想，一个猛子扎到水里，向他溺水的地方潜去。如果从正面游去，我也担心他抓住我不放，于是潜到他身后，从水底抓住他的双脚，一直把他送到岸边。李同学脸色苍白，大口吐了好多水，同学们见他无恙，才松了口气。

有一天傍晚，落日余晖映照在伊江的水面，波光粼粼，抬眼望去，只见对岸山峦暮霭氤氲，依稀见到山脚下的山庄田园阡陌农舍忽隐忽现，令人遐想。此时，我已是一个十七岁的壮实小伙，我对好友杏春说："你看对岸的田园风光多美！我们游过去看看如何？"杏春的水性虽然不错，然而看看宽阔的江面，不敢与我同渡。踌躇半晌，为了安全，他向渔民租了一只小舢板，划舟跟着我。我劈波斩浪，尽兴向对岸游去。不到半小时，我从容地游至彼岸。我们登岸浏览观赏了那里的民居，因天色将晚，便悠然地荡着小舟回来了。

杏春是我打从童年时候起就过从甚密的挚友，他家也在江边，我们常常一起上学，一起玩耍。我们还经常在假日或晚饭后，相约到江边看书、散步。江边有一棵浓荫的菩提树，树下是我们读书和谈古论今的好地方。我们常在一起背诵唐诗宋词，阅读《秋水轩尺牍》《幼学故事琼林》，谈论郭靖、杨过、张无忌……我们爱在伊江的礁石上或青草地上看渔人在江中划着小舟，捕鱼、撒网，倾听他们吹着悠扬的短笛，唱着高亢的山歌，夕阳的余晖将一道道淡紫和橙红洒到江里，摇曳生辉，令人意畅神驰，好一幅渔舟唱晚的迷人景致！

伊江，滋养着我童年和少年的时光，编织过我五彩斑斓的梦。

1956 年，我考入仰光坐落在“大金塔下，伊江之滨”的华侨中学读初中。翌年因事回到卑谬中兴。1958 年，我转学到仰光南洋中学就读，直到 1962 年高中毕业。全缅各地侨校的学生，小学或初中毕业后，只要家庭经济条件允许，大都到仰光华中或南中升学。作为名闻遐迩的两所缅华最高学府——华中和南中，高举“爱国、团结、进步”的旗帜，为传承和弘扬中华文化传统，为侨居国的经济繁荣和中缅文化交流，为侨胞的长期生存和发展，为缅华社会的繁荣和进步，培养了大批人才。两校的学生一部分有的回国升学参加社会主义建设，有的考入仰光大学；另一部分有的投身商界，有的投身缅华侨教育事业。很多学生如今都已成为社会中坚，在祖国的科学界、文化界、教育界、侨务系统和各行各业都担任重要职务，在世界各地有所成就者更是不可胜数。

华侨中学成立至今已逾百年，南洋中学也有73年的校龄了。两校的沧桑校史是缅甸华侨社会史的一个缩影。

20世纪20年代，受辛亥革命和五四运动的影响，具有远见卓识的老一代侨贤，于1921年2月15日创办了仰光华侨中学（简称华中）。考虑到华侨子弟学业的发展，侨领丘瑞轩于1920年春邀集杨子贞、张永福、曾上苑等知名人士，商议建设一所较具规模的中学，先由著名侨领曾广庇捐献一块11.07英亩的地和洋房一座作为校址，继由龙山堂认捐常年经费二分之一，以20年为期，同时向各界侨胞募捐，筹集40万元基金，随即组织校董会，选举丘瑞轩为正总理，张永福为副总理。第一任校长尚中，继任者为杨允修。华中从成立至1948年的27年间，由于受经费无着和“二战”的影响，学校栉风沐雨、筚路蓝缕，两次停办，人事也多有变动。尤其是1941年日寇南侵，原盘踞在缅的英军于1942年撤退时纵火焚烧了借作储粮仓库的华中校舍，使之化为灰烬。华中历经战争的重创和风雨的洗礼，但华中的先贤和校董们却毫不气馁，他们办学意志弥坚，重新筹募经费，经过呕心沥血的谋划，又从残垣断壁的废墟中建起了一所崭新的华中。华中当时在中外都颇负盛名，民国二十八年（1939年），宋美龄、林森、孙科、居正、李宗仁、叶楚伧、王宠惠、龙云、陈树人等人都曾给华中毕业纪念刊题词，可见其影响之大。

1949年中华人民共和国成立前夕，华中的进步师生积极支持和声援国内反饥饿、反内战、实行民主的学生运动，引起当地国民党势力的恐慌和不满，并解聘了许多进步教师，进步师生对此进行了坚决斗争，组织护校委员会，发起“护校运动”。由于复课一时无望，护校委员会又被解散，部分师生转入新筹建的南洋中学。然而，中华人民共和国的成立是历史的必然，是大势所趋、人心所向，华中董事会顺应历史的潮流，请回了进步的李国华校长和许多进步教师。1949 年 10 月 1 日，华中进步师生升起了全缅第一面五星红旗，高唱《义勇军进行曲》，旗帜鲜明地站在进步这一边。

南中初中部（仰光郊区巴罕）及高中部（高解）校址，起初都是荆棘丛生的荒芜之地，楼房破旧简陋，蛇蝎遍地，臭水横流。南中师生发扬自力更生、艰苦奋斗的精神，肩挎书包，手挥锄头，拓荒开路，平沟填壑，用血汗和勤劳的双手，把破败的校园改造成清新洁净、优美朴雅的学习乐园。

南中从筹办到成立，得到华中的鼎力相助。当时在华中担任过教务主任和教师的杨章熹、李行健、徐曰琮、周禾书、黄重远等师长，先后担任过南中校长。还有许多知名教师如陈峰、董孟雄、黄一帆、王一芒、陈振华……都成为南中的中坚和骨干。从 1948 年至 1965 年侨校被收归国有的 17 年，不仅是全缅华文教育发展鼎盛的黄金时期，也是华中和南中办学效果最显著的时期。两校在风雨中结成的战斗友谊，使之并驾齐驱、砥砺同行，有声有色地活跃在缅华教育界。

祖国解放的春风吹遍了南洋大地，南中在祖国新思想的熏陶下，校风淳朴，学生艰苦朴素、勤奋上进、遵守纪律、团结友爱。这是一个求学的黄金时代，一个长身体长知识的大熔炉。

校歌里唱道："黄河浪，红星光，震撼南洋，照耀伊江。民主的先锋开辟新园地，年青的南中向太阳！南中在战斗中生长，在思想上武装，在新时代洪炉中，锻炼得更坚强！有劳动的精神，有创造的力量，在新教育建设中放射着光芒……"在南中，我们得遇许多学识渊博、德艺双馨的良师，如周禾书、黄重远、吴奕辉、王毅诚、周蒂芸、杨一川、刘大源、杜国璋、朱铁峰、李若林、林我城、张绍祖、谢逸辉、黄一帆、钟光、赵鼎生、卢定干、刘秉坤、粟秀玉、栗福祥、陈启家、黎锦镳、尹文琴……受教良多，真乃人生幸事。南中贯彻德、智、体、美、劳全面发展的方针，培养学生热爱祖国、遵纪守法、勤俭朴素、勤奋好学的品德，鼓励学生积极参加各种文体活动。学校除了日常各种球类竞赛，还每年举行一次全校田径运动会。我在校运会上获得过两次标枪第一名、两次标枪第二名、一次铅球第二名。南中培养的许多杰出运动员成为缅甸国家队的优秀选手，有的还代表缅甸参加亚运会和东南亚运动会。除了体育，在文娱方面也是人才济济。南中演出的大型歌剧《屈原》《张羽煮海》《刘三姐》……声名远播。

南中除了自身的建设，也得到缅华社会和广大侨胞的热心支持，从 20 世纪 50 年代初开始，学校设施不断完善，学生人数从最初的几百人发展到两千多人。相当一部分教师是早期从国内知名大学毕业后到缅定居的高级知识分子，他们思想进步，学识渊博；他们教书育人，润物无声。他们在这片美丽神奇的土地上辛勤耕耘，一身粉尘，两袖清风，赢得了广大家长和学生们的敬爱。

王东白南洋中学运动会奖状

南中图书馆藏书很多，除了正课的学习，我的很多课余时间是在阅读中度过的。我在南中读了许多中外名著，感到受益匪浅。一行行文字，像一缕缕清风，似一瓣瓣花香，滋润着我求知的心田，在大师们构筑的精神世界里，我随他们笔下的人物共命运，时而喜悦，时而悲伤。我惊叹于大师们鞭辟入里的阐释，韵味悠长、深长……当自己心灵上得到些许启迪并想说点什么，便有了写作的冲动。在高中的三年时间里，我常给仰光的华文报纸《人民报》《新仰光报》投稿，借以提高自己的写作水平。同时，我发起并组织七八位志趣相投的同学，创办了“瑞丽江文艺社”，共同探讨一些文学课题，撰写评论和心得。

南中的四年学习生活，岁月峥嵘，使我流连，使我难忘。

1962 年，我高中毕业，在仰光郊区甘马育群英学校任教，同年考上厦门大学华侨函授部中国语文师范专修科。翌年，受缅华教师联合会派遣，赴缅南一个海岛城市——丹老华侨中小学校任教。丹老是一座风景优美的城市，城中人流熙攘，四周翠树环抱，尤其是在暑天热浪逼人的黄昏，走在海滨长堤上，便可尽情享受海风的吹拂和夕阳的抚摸。当地侨胞以种植橡胶、跑海运、经营生猛海鲜为业，也有开餐饮店、摆摊做小生意的，是个物阜民丰的鱼米之乡。

缅甸丹老华侨中小学校师生合影（一排左六为王东白）

我在丹中担任初中二年级的班主任和语文学科的教学，同时也担任一些初中和小学班的副科教学。我和同学们相处融洽，亲密和谐，和任教同人也相处甚笃，十分投缘。一年半的教学生活，沉淀了我们的美好情谊，留下了许多难忘的回忆。

1964年年末，我从丹老任满回仰光，准备办护照回国。其间，蒙教联派遣，受聘于华侨中学任教。然而，时局骤变，1965年4月，缅甸当局宣布对全缅三百多所侨校实行国有化。侨胞们的憧憬和为之奋斗的事业受到沉重打击，侨教事业从繁荣的顶峰一下子掉进冰冷的谷底。

形势的发展令人窒息，生活无着，危机四伏，很不利于外侨继续在当地生存。于是，我告别了慈祥的双亲、年迈的外婆和在缅的亲人，怀着一颗炽热的爱国之心和建设社会主义祖国的理想，于1965年6月毅然回归祖国。

二、坚贞报国志　坦荡赤子心

我回到昆明时已经是6月，错过了当年参加高考的机会。于是，我服从省侨务处的分配，决心到陆良华侨农场锻炼自己。

国营陆良华侨农场的前身是国营陆良牧场，于1954年建场，于1963年接待安置印度归难侨后始改成华侨农场，隶属中央侨委和云南省民政厅侨务处领导。陆良华侨农场地处云南第一大高原平坝——陆良坝子中央，地势平坦，土地肥沃，曾因装备先进的农业机械而成为云南第一个机械化农场。

到了农场，我被分配到生产队参加农业生产劳动。我们每天在田间劳动八小时，脸朝黄土背朝天，风吹雨淋太阳晒，过了几个月，手上起了老茧，肌肤也晒得黝黑泛红，你看，头戴斗笠，身披蓑衣，肩扛锄头，裤脚高卷，不就是一个活脱脱的乡村农夫嘛。劳动艰苦，生活简朴，原来不辨菽麦、五谷不分的我，在农场二十年的生活和生产实践中学到了许多农业生产知识，即使后来到学校教书，也常有到生产队支农的任务，也许这种锻炼和学习，是我人生中最值得珍惜和回味的财富。

1965 年 9 月，我被调入农场学校教书。当年，曲靖地区举办篮球运动会，我被选拔为陆良县篮球队队员，到曲靖参加比赛。

1970 年，农场实行军事化管理，更名为中国人民解放军云南生产建设兵团独立第四团。兵团按照部队编制，从团部到生产连队，正职都由现役军人担任，副职由原农场的干部担任，过着军事化的生活。

1974 年 10 月撤销军管，更名为国营陆良华侨农场，隶属省农垦总局。1978 年，开始大批接收安置越南难侨，农场划归云南省侨务办公室领导管理。

作为国家接收安置归难侨的全国八十四个基地之一，也是曲靖市唯一一家华侨农场，陆良县华侨农场先后安置了来自印度、印度尼西亚、缅甸、老挝、日本、越南等国家的 3900 多名归国华侨难侨。几十年来，他们早已在陆良安居乐业，与陆良融为一体，并将原侨居国的多样的文化带到陆良来，引领当时时尚文化潮流。

1980 年，我被任命为农场中学校长。学校从幼儿班、小学、初中到高中，实行一条龙教学管理，教职员 50 多人，学生人数（含 6 队、7 队分校）1400 多人，在诸多职工子弟学校中，规模也算可观。农场学校在“文革”前的教学质量，在全县是名列前茅的。后来由于“文革”的冲击和教师队伍的波动，教学质量受到影响，但每年也有少许学生考入中专和大专院校。

回国十六年来，由于我坚贞的报国理想和对党的忠诚热爱，在党组织的培养教育下，1981 年 11 月，我光荣地加入了中国共产党。1980 年和 1984 年连续两届当选陆良县第八、第九届人大代表，1982 年 3 月兼任农场侨联主席。

从 20 世纪 70 年代末期开始，生活在华侨农场的归难侨已有 1000 多名到中国香港、中国澳门投亲靠友，其中还有的到美国、法国、英国、德国、加拿大、澳大利亚、南非等国家定居。他们与生活在陆良和国内的亲友血脉相连，经常探亲互访，互通有无，形成了涉侨涉外、联系广泛的国际社会关系。

从 1965 年回国至 1985 年调离，我在陆良华侨农场工作和生活了二十年。二十年，我在这片土地上搏击人生，自立自强，经历了无数风雨的考验；二十年，我在教育的园地里辛勤耕耘，桃李不言，下自成蹊；二十年，我把人生最美好的青春年华献给了这片土地，不要说道路坎坎坷坷，酸甜苦辣都是歌。

农场中学教师陈浣文，1982 年写了一首诗赠我。

游子鹏程万里红，归来报国十六春。
风风雨雨磐石志，坦坦荡荡赤子心。
为人师表堪敬畏，忘我楷模难觅寻。
吾无毛遂脱颖意，高山流水唱古今。

1984 年，在全省侨界的疾呼声中，经国务院侨办和云南省政府批准，昆明华侨学生中等补习学校（简称“昆明华侨补校”）正式复办，由云南省侨办领导，规格定为县团级单位。根据工作需要，我于1985年调昆明华侨补校任副校长。

昆明华侨补校不同于一般全日制中学。复办后的昆明华侨补校首先办起了以归侨、侨眷、港澳台同胞以及侨务系统干部职工子女为主的报考高等院校文、理科全日制补习班，1986年起又增设两个报考中等学校（含高中）的中考补习班；为适应全省各华侨农林场培养干部和师资的需要，还先后办了学制为两年，属大学专科的两个党政干部电视大学班、一个汉语言文学电视大学班。为了满足归侨、难侨就业的需要，还举办了多期摄影、钟表修理、电机、车床维修、幼师培训、缝纫、水产养殖、粤语会话等各类短期职业培训班，根据国侨办的指示和安排，举办了一期来自全国各地、州、市的侨务干部培训班和一期来自云南省各地、州、市的侨务干部培训班。20世纪90年代初，根据海外华文教育的发展需要，举办了五期海外华文教师培训班。

昆明华侨补校自复办以来，每年均保持5~6个教学班，在校学生200余人。每年，高考录取率在70%左右，中考录取率在98%左右。进入21世纪后，为了适应形势发展和海外华文教育发展的需要，昆明华侨补校转型为昆明华文学校，招收来自东南亚国家如泰国、越南、缅甸、老挝、柬埔寨等国家的华裔学生来华学习华文，并向华大、暨大输送经培训合格的大学预科生。

在补校工作八年，除了教学的耕耘，对书法艺术也情有独钟。我曾于1987年至1990年在中国书画函授大学学习三年，其间，常能有幸聆听著名书法家孙太初、冯国语、李华君、杨修品等诸位老师面授、演示和指导，受益匪浅。在昆明三十余年的书林探胜、墨海寻真，在学书的道路上乐此不疲。

王东白书法作品①

王东白书法作品②

1990 年，我被增选为云南省侨联第五届委员；1996 年，荣获中国侨联颁发的热心为侨服务三十年荣誉证书；1997 年和 2000 年，任云南省缅甸归侨联谊会第二届、第三届副会长，2003 年和 2008 年，我两次被省侨办党委评为优秀共产党员。

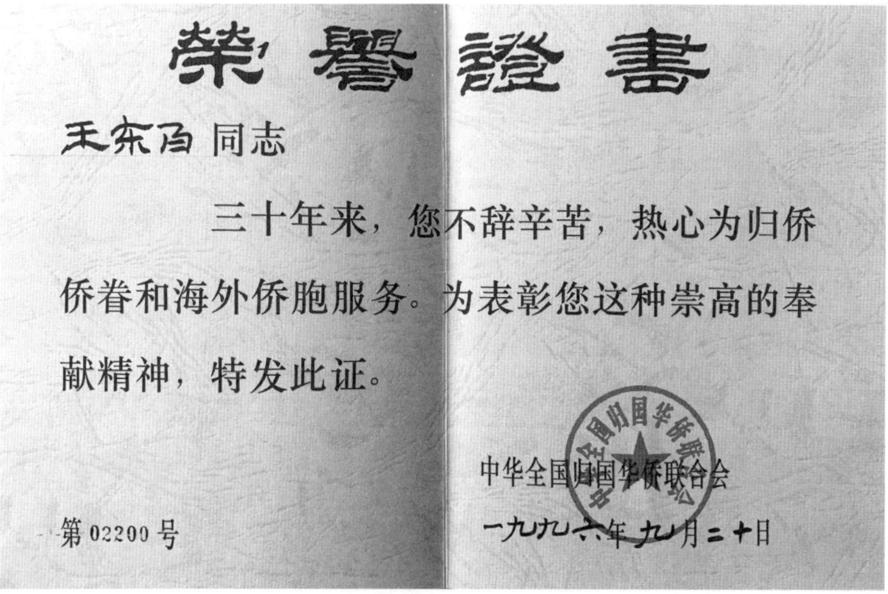
榮譽證書

王东白 同志

三十年来，您不辞辛苦，热心为归侨侨眷和海外侨胞服务。为表彰您这种崇高的奉献精神，特发此证。

中华全国归国华侨联合会

第 02200 号　　一九九六年九月二十日

王东白获中国侨联表彰

华侨补校原校长侯桂方于 1989 年到中国香港定居，由我接任校长。1993 年，我调入省侨办宣传教育处，负责海外（东南亚）华文教育工作。1995 年 3 月，我提前退休。

三、华教谱新篇　千里寻梦圆

实行改革开放后，中国迅速崛起和强大，是海外华文教育振兴的根本因素。随着中国在国际舞台上的影响日益加深，与各国在外交、经贸、文化等领域的合作增多，华文和华语日益扮演了重要角色，其地位和作用日益凸显。华文教育因应世界中文热潮，其发展势在必行。

1998年开始，受国侨办外派，我先后3次（共7年）赴缅甸腊戌市和仰光市华校任教。我土生土长在缅甸，始终不能忘记哺育我长大的这片故土，不能忘记从小培养我成长的母校和师长们，为了使海外万千华裔子弟传承优秀的中华文化传统，带着热泪濡湿的梦境，带着祖国人民对海外同胞的殷殷厚意，我千里迢迢回到这片饱经沧桑的故土，一如既往地为华文教育倾注我的热情和精力。

1998年3月，我外派到缅北腊戌市果文中学任教。这是一所由果敢民族于1966年创办的华文学校。据传，果敢地区的汉人系我国明末官兵的后裔，1658年随明末永历帝朱由榔为逃避吴三桂的追杀而逃到缅甸，后永历帝被俘带回昆明被绞杀，其余部官兵数千人在缅甸麻栗坝（今果敢地区）滞留下来，即后来的果敢族。

在当时全缅华文教育处在万马齐喑的局面下，腊戌地区的果敢汉人根据其特殊的地理环境和民族政策，在当局的默许下，一马当先，冲破华教沉寂的樊篱，办起了全缅第一所正规的华校——果文中学。此后，缅北许多华人聚居的城镇村寨，以学习民族语言或阐扬佛经为由，也纷纷办起了华校，华教的星星之火已在缅北呈燎原之势。至90年代，仅以腊戌地区而言，就有4所完全高中、11所初中、20多所小学，如果把曼德勒以北的各地学校学生统计在内，有5万人左右，教师700多人。

缅北侨胞不愿后代数典忘祖，他们筚路蓝缕、殚精竭虑，千方百计坚持办学，显示了侨胞们传承中华文化传统的顽强意志和对祖籍国文化的一往情深。缅北的许多华校，多年来不仅热衷教授华文，还举办电脑培训、搞多媒体教学；不仅举办丰富多彩的各种文化知识竞赛和文体活动，还组织学生参加中国国家汉办举办的汉语水平考试（HSK）。

我所在的果文中学，约有学生 1500 人，教师 50 人。从幼儿班到高中三年级，实行“一条龙”教学。除了正规的华文教学班，学校还面向当地，根据学生上缅文学校的实际，商请当地教育局派遣缅甸人校长和教师，附设缅文小学部管理。为了与当地缅文大学和中小学的上课时间错开，果文中学从清晨 6 点就开始上课，上午 10 点半吃中餐，稍事休息，中午 12 点又开始上高中课程，直到下午 4 点半放学。

我刚到果文任教的头两年，果文的教学设施还较简陋，教室是土木结构，教室之间用竹席隔着，不隔音。我们 3 位外派教师和其他 6 位聘来的教师，同住在一间大教室，窗外野草丛生，坑坑洼洼，雨季青蛙鸣，旱季有蝉声，给寂静的夜空平添了许多诗意和情趣。

我于 2000 年 2 月任满回国，2002 年 2 月第二次被国侨办外派到仰光福建同乡总会属下的福星语言与电脑学苑任教，任期两年。故都曼德勒以南的地区（简称缅南），和缅北的情况截然不同。由于受地域和各种因素的制约，华文教育发展缓慢，步履维艰。老一代华侨、华人由于受 20 世纪 60 年代当局反华排华的影响，很少用普通话交流，他们的第二、第三代从小就在缅文学校读书，在家里也只讲缅语，很多青少年不仅不会讲普通话，连家乡话也不会，他们对华文基本上是零起点，听不懂普通话，我和陈华昌老师是缅甸归侨，正好发挥双语教学的优势，很受学生的欢迎。华校根据实际，因时因地制宜，利用缅校上课前后的早晚空隙和缅校放暑假的时间上课，每段时间只有两三节，学生以上缅校为主，在华校补习华语为辅，到华校学习华文的学生以缅文大学的华裔学生为多，也有少数缅族学生。他们来学华文，一是当下时兴的汉语热，二是父母所命。刚到福星任教，学生只有八十余人，两个汉语补习班，后经我们协助策划，开办了初级、中级、高级汉语班和电脑培训班。我们还举办了由当地八十多位家庭教师参加的“汉语拼音与识字教学”培训班，协助提高本土教师的教学水平，推动当地华文教育的发展。

王东白（后排居中）在缅甸福星语言与电脑学苑任教

在两次中国国家汉办举办的汉语水平考试中，福星有57名学生获得了由中国国家汉办统一颁发的《汉语水平证书》，有多名学生在各等级考试中获得第一、第二、第三名。两年来，该校从初期的80多人发展到750人，拥有教学班20个。福星学苑初期创办培养的人才，已成为后来当地学校的教师骨干和中资公司的职员，有的到中国上大学，成为学有所成的本科生、硕士生、博士生。我在汉语高级班教的陈仙卿同学，已在2013年获得上海师范大学的博士学位，并在云南红河学院任教。

缅甸福建同乡总会汉语培训班2003年（HSK）获级学员颁奖典礼
（一排左五为中国驻缅甸大使李进军，三排右二为王东白）

从2002年开始，国侨办加强了对缅甸华文教育的扶持力度，不断派遣外派教师到仰光支教，实行“请进来，派出去”的方针，常组织讲师团到仰光培训教师，并吸收当地教师到国内大专院校进修，为当地教师开办云大、云师大函授专科、本科班，有力地促进了华文教育的发展。这是三十多年来缅南地区特别是仰光华文教育发生的可喜变化，侨胞们说：“华文教育的春天来了！”

2005年2月，应腊戍果文中学董事会的盛情邀请，我再次受国侨办第三次外派，来到腊戍果中任教。此时的果文中学已经盖起了巍峨壮丽的教学大楼，并配置了礼堂、图书馆、电脑室、理化、生物实验室、篮球场、乒乓球室等设施，硬件一应俱全。过去的水洼地成了绿茵活动场，并广植树木，建了教师宿舍和食堂，校园宽敞、恢宏，非昔日可比。

我在果中担任副校长和初、高中教务主任、教学顾问等职，每周任课20课时，因校长常年很少在岗，由我负责学校日常行政管理事务。董事会的信任、家长的期许和师生们的支持和敬重，是我工作的动力。我始终牢记党和国家的嘱托，遵守外派纪律，以正直谦逊的作风和勤奋踏实的工作态度，去迎接和战胜工作中的每个困难和挑战。

王东白在 2005 年教师节庆典

2004 年，缅甸福建同乡总会汉语与电脑培训班迎春联欢会，
中国在缅甸教师表演节目（左三为王东白）

王东白和缅甸学生

在教学实践中，我体会到教师的任务不仅是在传授知识，更是在立德树人、教书育人和不断创新教学的形式，所谓教学有法，但无定法，要使你的教育对象愿意并乐于接受你，你就要有自己独特的教学风格，能够以自己丰富的知识和表里一致的言行向学生传递“真、善、美”，春风化雨，润物无声，在潜移默化中，使他们对你心悦诚服，产生良好的教学效果。

果文中学办学成效显著，硕果累累，成绩斐然。2012 年，国务院侨办授予该校“华文教育示范学校”称号。

我于 2008 年任满回到昆明，结束了为期七年的外派教学工作。纵观此生，1962 年开始在缅甸从事侨教工作，回国后在云南陆良华侨农场中小学校教书，1985 年调昆明华侨补校工作，1998 年又外派赴缅甸腊戌、仰光任教，深感此生与华文教育真有不解之缘。我热爱华文教育工作，并为之奉献一生精力而无怨无悔。

2017 年，感慨于在陆良华侨农场经历的那一段难忘岁月，我牵头邀集在昆的几位原农场的校友，成立了聚会组织委员会，在陆良县委、县政府的大力支持下，于花团锦簇的六月，邀请了来自美国、加拿大、南非和我国香港、澳门、广东、四川、河北、河南、福建、上海、北京，以及在滇的各地校友、老师、知青和原农场的干部、职工，在陆良——这个承载了太多美好回忆的地方，大家相约在一起，欢聚一堂。场面热烈、温馨、感人。许多年迈的老师不远万里，有拄着拐杖、坐着轮椅的，争取在有生之年到会一聚。浮云一别已数载，久别重逢自有难以言表的惆怅和诉说不尽的话语。与会的校友、老师和来宾畅谈伟大祖国改革开放后发生的翻天覆地的变化，为祖国的繁荣富强感到欢欣鼓舞和无比自豪。因为缘分，几十年前，我们走进了那一段特别属于我们的共同回忆，从此我们经历着截然不同的人生，书写了每一个人独一无二的篇章。昨日的记忆弥足珍贵，明天我们将启航新征程。会后，我们将聚会余款和校友认捐的七万余元人民币，捐献给农场学校和还在农场生活的困难校友。此次聚会不但使与会者心潮澎湃、夙愿得偿，也在陆良县和农场引起了良好的反响。

潮起潮落，月缺月圆，归国五十六春，流淌着曾经的誓言，也溢满了生活的苦甜。天意怜幽草，人间重晚晴。我们生活在这个伟大的时代，有党中央的英明领导，沐浴着社会主义的温暖阳光，生活得非常幸福。

回眸往事，感慨系之。夕阳无限好，满天彩霞飞。教师就是春的使者，用人类最崇高的爱，播种春天、播种理想、播种力量，把希望洒向人间。因为有一片爱心的浇灌、一番耕耘的辛劳，才会有桃李的绚丽、稻麦的金黄。春雨，染绿了大地，而自己却无声地消失在泥土之中。不计辛勤一砚寒，讲台上，书桌旁，寒来暑往，洒下心血点点；润花蕾、育桃李，春华秋实，奉献赤诚一片。

这，就是我的赤子丹心，园丁情怀。

难忘的归途

廖月娇

廖月娇

被访谈者简介： 廖月娇，女，汉族，祖籍广西防城港，1958 年出生于越南老街省老街市，1973—1978 年在越南高等美术学校读书；1979 年 6 月回到中国，安置在文山州平远街华侨农场工作，1986 年调到红河州河口县桥头乡桥头小学教书，1990 年 2 月调到河口县侨联工作，2013 年退休。

访 谈 地 点： 红河州河口县

访 谈 时 间： 2023 年 8 月 5 日

访谈和整理： 毕娇娇

一、童年生活

我出生在越南老街省老街市，我的家就在南溪河边，我的童年是在那里度过的。我家应该是祖辈就移居到越南，父亲祖籍是广西防城港，母亲祖籍是广东，具体是哪里，我们都不知道。父母养育了我们兄弟姐妹8个——6个女儿和2个儿子，我是老三。

由于越南多年来一直处在战乱时期，越南国内的各种生产都处于停滞状态，生活条件特别艰苦，粮食等各种物质都很稀缺，我们从小就过着粮食不够吃、衣服不够穿的穷困生活。从我懂事开始就常听我父亲说，越南人民包括越南军队所吃的粮食和用的多种物品都是中国人民无私支援给越南的（因为父亲做的是搬运工，经常在老街火车站搬运从中国运过来的粮食和物品）。那些年，中国人民的生活虽然也很苦，但为了支援越南人民的抗战，给予了越南最大的支持。

到我适龄上学时，因老街省的华侨小学离我家很远，来回要走七八公里路，父母担心我人小走不了那么远的路，就让我去就近的越南小学读书，学习越文。我读到三年级上学期的第二个月时，老街华侨小学搬到越南小学旁边，于是我转到华侨小学读一年级，老师是当地的华侨，她经常教我们唱些歌颂毛主席的歌，比如《东方红》《大海航行靠舵手》等。

我在华侨小学学了两个月的中文，学会了一些简单的中文字，日月水火山石田土，人口手，上中下，大小多少，一二三四五至十等。那两个月上学期间，每天放学时都遇见越南小学的同班同学，他们对我说："老师说你读书成绩那么好，为什么要放弃呢，老师很想你，叫你回来（越南小学）读。"于是我动心了，就自己又转回了越南小学原来的那个班继续读书，父亲知道后还骂了我一顿。就这样，我从越南的学前班读到初中毕业，每年学习成绩排名都在全班第一、第二，被评为"胡伯伯的好儿童"（就像中国的"三好学生"），我的奖状挂满了家里

在越南上小学时，廖月娇（前排左二）和老师同学合影

的一面墙壁。记得在五年级那年，学校特意买给每个“胡伯伯的好儿童”一双中国的塑料鞋（3.50越盾）作为奖励，我很高兴，只在每天去上学的时候才穿，其他时间都舍不得穿，那双鞋比我的脚大一点，穿了两年后，鞋带断了父亲就用一块胶给补上，就这样补了好几次，我穿到鞋底都磨薄了还舍不得扔掉。

在越南，中秋节是小孩的节日。每到中秋节时，地方团支部都会组织少先队员提灯笼游行。那时有各种各样的灯笼卖，有条件的家庭可以买一个漂亮的灯笼。我家没有钱买，我就自己做。用竹片扎起一个五角星，没有透明的红纸就用作业本的白纸贴上，然后剪一个图案贴在灯笼中间，找一小截蜡烛固定在灯笼里，用一条线拴起来连着一根小竹竿，就这样灯笼做好了，虽然不算漂亮，但当时对于我来说已是心满意足了。到晚上就可以点起蜡烛提着灯笼去玩了。我还记得有一次风有点大，灯笼里的蜡烛火势突然大起来，烧毁了我的灯笼，当时我好伤心，回来父亲安慰我说，烧就烧了，明年再做一个嘛。

看小说是我的爱好，从小学到初中，每天只上半天学，还有半天我在家里帮母亲编箩筐，可以卖钱补贴家里的生活。一有空，我就跑到离家不远的书店，因没钱买书，卖书的阿姨见我爱看书就经常借书给我看，但她要求我必须保持书本干净。后来我知道有图书馆可以免费借书看，就去办了张借书卡，每星期可以借两本书，有时候我等不到一个星期，才四五天我就跑去换新书。我边煮饭边看书，不知有多少次饭都烧煳了也不知道，经常被母亲责骂，但我没觉得委屈，母亲一骂我就走开，到吃饭时我才回来。

二、实现我的愿望

我从小就喜欢画画，但那时越南的教学课程没有美术课，我也因家庭生活困难没有条件去学画画。在高中招生考试前，我听说河内的美术学校要来老街省招生，对我来说这可是千载难逢的机会，我瞒着家里人偷偷跑去文化站学画画。母亲知道后骂我说："快要考试了，你还不在家好好复习功课，天天去画什么，要是考不上高中，看我怎么收拾你。"可我一点也不担心，凭我平时的学习成绩和基础，我觉得自己会考出好成绩的。为了实现我的愿望，我报名参加美术学校在老街省招生的美术初考，一个月后，收到通知要到河内的美术学校参加全国统一招考，于是父亲亲自送我到河内参加考试，整整考了 7 天。

1973 年 9 月，我正在参加高中军训，一天我收到越南高等美术学校（现是越南美术大学）的录取通知，学制五年。我的愿望终于实现，太高兴了。1973 年 10 月，15 岁的我从老街省来到了越南首都河内读书，那段时间是我人生中最快乐、最美好的时光，同时也留下了一段不平凡的记忆。

1976 年 9 月的一天早晨，我从校宿舍里的有线广播听到中国伟大领袖毛主席逝世的消息后，心里有一种悲痛的感觉，就哭了，宿舍的同学都很惊讶，不知我为什么哭，也许她们没有听见广播吧，也难怪她们，因为那只广播箱就挂在我的床头上。我跟她们说中国的毛泽东主席逝世了，她们才恍然大悟。

在越南高等美术学校读一年级（前排左二为廖月娇）

在越南高等美术学校读书期间的写生照

我们住校生的生活条件很苦，从早上7点吃早饭，8点上课，中午休息时没有饭吃，直到下午5点半放学后才能吃一个面包，每天只有两道菜，一盆素空心菜汤里放点盐和味精（空心菜季节过了就吃西洋菜）和一盘炒绿豆芽，每月吃两次一片油煎豆腐或是一小块煎鲢鱼拌酱油，或是几片半肥半瘦的猪肉代替绿豆芽，不过那时读书是全免费的。就这样一天天过去，五年学习期间，我很努力，克服各种困难，成绩一直保持在全班26人的前三四名，老师和同学都很欣赏我的学习态度。然而，命运和我开了一个玩笑，正当我快要毕业对未来充满无限憧憬的时候，一场突如其来的变故打碎了我的梦想。

廖月娇十八岁

越南高等美术学校教师与学生合影（右八为廖月娇）

越南南部妇女代表团与越南高等美术学校师生合影（前排左二为廖月娇）

三、艰辛难忘的归途

1975 年 4 月 30 日，越南南北统一后不久，1977 年至 1978 年，越南政府又掀起第二次反华排华的浪潮。第一次是在 1966 年，记得我在放学回家的路上多次看见许多不知从哪儿来的人，当时我不知道他们是华侨，人群中有老人也有小孩，大人在搬东西，从南溪河水比较浅的地方涉入水中，往河对岸的中国走过去。当时，我有一种担心他们被河水冲走的感觉，所以就一直站在那里看到他们走到河对岸，那种情景至今仍不时会浮现在我眼前。

1978 年 5 月，学校安排我们实习，我在离河内 15 公里外的一个农村实习准备毕业画，根本不知道外面的社会正在发生的变化。有一天班长突然通知我说："你家来电报说母亲病重，叫你急速回家。"电报发到学校，等我收到消息时已经过了 7 天，我以为母亲真的病重，带着忐忑不安的心情，急忙返回老街，两天后（已经是第 9 天了）到家才知道父母和弟弟妹妹们都已回中国了。当时我万分痛苦，无法接受这种现实，但第二天我还是返回河内匆忙赶到实习地。父母的回国对我打击很大，平时很快乐的我从此再也没有了笑容，再也不敢跟别人讲一句话，我无心再画画，毕业成绩也下降至全班第 15 名。天天都想哭，想念我的父母和弟弟妹妹们，我百思不得其解为什么会发生这样的事。后来我听父亲说，那段时间每天都有人来监视华侨的行踪，一时间气氛紧张，人心惶惶。我家也被盯得很紧，一天下午突然有两个人闯进我家，没收了我家的两箱肉桂皮，那是我父亲用家里所有的积蓄买来准备带到中国去卖钱养家的，眼睁睁地看着那两箱肉桂皮被人抢走又没有什么办法，于是当晚父亲就用竹排划过南溪河把我母亲和弟弟妹妹们送到了中国河口，留下三妹等我。

7 月 2 日，我毕业回到家，看到的是一间空空的房子。至此，我原先一切美好的梦想在现实面前被彻底改变。父母回国前留下的三妹被好心的邻居收留，姐妹相见，百感交集，心中说不出的悲痛。后来听母亲说，我们在家那几天她在河对面叫我们，但我们根本听不到。妹妹那时也很傻，她不说她留下来是为了等我回来，然后姐妹俩再回国。因为父母回国，我也就没有了经济来源，生活没有依靠了，一切要靠自己的能力来养活自己和妹妹，所以我要坚强起来。

在家住了一个月后我返回学校等待分配工作，小妹则到表舅家住。到了9月，我被分配到越南黄连山省（原安沛省）文安县文化通讯局从事宣传工作。工作安顿好以后，我把妹妹接来和我一起住，姐妹俩相依为命，仅靠我一个月50块钱（约合当时人民币10元）的工资维持生计。那段时间生活很艰苦，吃的粮食一半是陈旧大米，是以前中国支援越南时存留下来的，一半是发霉的干木薯片。工作也很辛苦，加上精神的压抑和工作的压力，我得了脑神经衰弱症。

1979年春节刚过，我陆续看见原来一起居住在老街市还没有来得及回国的部分华侨被驱赶下“二线”。所谓的“二线”就是边远山区极其艰苦的地方，到那里需要自己开荒、种地，与世隔绝。表舅一家也被安排到离河内60公里外的河南省。想想自己，比起他们我还算是幸运多了。当时局势十分紧张，尽管我工作很勤奋很努力，但不久单位还是停止了我的工作。

到了1979年5月，我当时所在的单位领导直接找到我说：“现在你不能在这里工作了，因为你是华侨，你必须离开这里，有两条路让你选择。一是回中国，二是到中部高山边缘地区的林同省去自己开荒、种地，你选择哪条路由你自己决定后报告给我。”

我六神无主，边境也已经封锁，回国的路又怎么走呢？而且我从小在越南长大，不会说中国话，更不会写中国字，我回去又能做什么呢？留下来肯定要被赶到中部地区，一场痛苦的思想斗争和严峻的考验摆在眼前，这是我人生道路重要抉择的关头，一连好几日我夜不能眠，茶饭不思，想了几天也没想出个法子，有个好朋友很同情我并给我出主意，叫我到河内去找她的哥哥帮忙，看能否找一个比中部地区好一点的地方。当我找到她的哥哥时，她哥哥说："这个忙，我帮不了。"我又跑到河内的堂哥家去试试，但他们一家已经坐船逃到了中国香港，他留下来的老岳母劝我到海防找一条船逃到国外，但需要很多钱，我哪有那么多钱，在走投无路的情况下我又回到了单位。经过无数个不眠之夜，苦思冥想，最后我选择了回国，虽然我根本不了解国内当时的情况，但我管不了那么多，毕竟我是中国人，我决定要回到我的祖国去。

和我在同一个单位的还有邓光花姐姐一家（她的妈妈、妹妹和两个女儿）也是华侨，她以前在越南老街省孟康县文化站工作，刚被转来这个单位，她的丈夫一年前先回中国去了。我问她是否也想回中国，路怎么走？她说："我们还是回中国去吧！可先到孟康县，然后再从孟康向北走到越中边界就可以回到中国了。"那个时候，回国只有孟康一条路，南溪河的桥有好多竹篱笆，已经不能通行。

几天后，我让我妹妹先跟她们一起到孟康县探路，我则在单位等消息。1979 年 6 月 10 日下午，我妹妹急急忙忙赶回来告诉我，今晚我们必须立即动身。时间紧迫，我赶忙放下工作，跑到农贸市场买了几条咸鱼，又急忙跑回家煮饭，煎了几条咸鱼，包了两个大米饭团准备带在路上吃。我们随便吃了点晚饭后就收拾东西，只带了两套换洗衣服、一床蚊帐，其他不能带的东西都送给了别人。离开时，单位把我们送到火车站，还有一些好心的同事也来送我们，在车站等了不久，火车进站了，但车厢里挤满人，车门根本打不开也无法上车。同事们硬是把我们姐妹俩从窗子塞进了车厢。列车徐徐出站了，我的眼睛也湿润了，心想：再见了同事们、朋友们，此时一别，不知何时再见，也许是永别。我的心久久不能平静，我不知道等待自己的将会是什么，更不知道自己能不能活着回到中国。就这样，我匆匆忙忙离开了曾经工作和生活了 9 个月的地方，踏上了回国的路。

第二天早上，火车到了富楼（老街省保胜县），这里已经一片混乱，经打听才得知火车已中断停开。下了火车，我们找到去孟康县的班车，可车上挤满了人，大约 50 人，还有贼趁机偷东西。我们好不容易挤上了车，但只能站着。车上你挤我、我挤你，当时是 6 月中旬，烈日炎炎，天气十分闷热，阵阵汗臭味，让人喘不过气，我俩又晕车，没办法只好强忍着。汽车隆隆地发动，喷着黑烟颠簸着向前行驶，可是车开了约 30 公里后就停了下来，原来公路也中断了，我们只好下车步行。此时太阳已快落山，经打听才知道，那一带已靠近越中边境，一路上有很多越南兵来来往往，一直有人在窥视我们姐妹俩，我们很紧张也很害怕。看见路前面走着一个妇女，就赶上去与她搭腔，得知她是当地一个农场的职工，我问她到孟康县还有多远，她说，还很远，你们要去那儿干什么？我谎称要到孟康县去工作，她说，现在没有车了，走路去是不可能的。她还好心地说，天快黑了，我们农场就在附近，不如你们到我那儿去住一夜，明天再赶路吧。那个农场是种茶的。

考虑到当时的情形，我怕出什么意外就答应了。大约走了两公里后，我们到了她们的农场，在一间十分简陋而且拥挤的女宿舍里，有一长排用竹子搭的床，我们准备在这里过夜。放下行李，我们跟那位妇女到水井边去洗脸，可当我们洗完脸回来打开行李准备拿饭团出来吃时，发现有人翻过我们的行李，紧接着一个保卫模样的人闯进来说我们是可疑人物，就把我们带到保卫室里去审问。此时天已经黑了，他带我们走了约一个小时的路后到了一个可能是边防检查站的地方，在那里他们做了审问记录后，又派了两个背着冲锋枪的人带着我们走小路穿过农场的茶园到另外一个地方。天很黑，我们很害怕，他们一个人在前面打着手电筒，一个人跟在后面，路上两次还碰到对面来的人也背着冲锋枪，他们用暗号说话，走了一个多小时后到了另一个地方，他们把我们交给两个边防公安人员。在这里他们检查全部行李后又审问了好久，我们一直不敢说我们是华侨要回中国去，而是撒谎说单位派我们到孟康县工作，夜已深了，他们没有审问出什么就懒得再问，就把我们关在一间屋子里，没有灯，房子黑得伸手不见五指，只听见老鼠爬来爬去和蚊子在耳边嗡嗡直叫的声音。我们用蚊帐从头到脚裹起来防止蚊虫叮咬，一整天没吃饭，好在洗脸时喝了几口冷水解渴，我们又冷又饿又怕，怎么也睡不着觉。

第三天早上，天还没亮，他们又来了，我决定对他们说实话。他们说，其实昨晚他们就已经看出来我们是华侨了，要回中国去，但因为我不说实话，所以把我们关了一晚上，现在就放我们走。他们把我们送到公路，我们逃也似的离开了那个令人恐惧的地方。顺着公路一步一步往前走，一路上酷热难忍。走了十多公里到了孟康县板楼乡的一个小山村，我和妹妹都穿了拖鞋，走长路，脚被磨得起了几个大水泡，水泡被磨破后很辣痛，有时痛得受不了，我就脱掉鞋赤脚走路，可是路面上碎石太多，没走多久脚板就受不了了，没办法我只好又穿鞋忍着疼痛继续走，泪水直往下流，不仅脚痛心更痛，为了赶路只好忍着疼痛，忍着饥渴，这天是我一生中最难忘的日子。走到中午时分，此时骄阳似火，公路两旁没有一棵大树可以乘凉，我们也没有帽子戴，又渴、又饿、又困，累极了，想在路边休息一会儿再走。但一坐下来我马上就睡着了，几分钟后我猛然意识到，这里正是危险地段，不能在这里休息，再累也得挺住继续走，若是再坐一会儿就赶不了路了，于是我们赶紧又站起来继续往前走。可是走了没多久，瘦弱单薄的我再也走不了了，这时才想起来还有饭团没吃，就坐下来拿出饭团准备吃，可饭团早就馊了，只好扔掉。气候恶劣再加上肚子又很饿，走不动路怎么办？休息几分钟后我决定返回之前路过的那个村子，找到了一户人家，买了一斤大米顺便借他们的锅煮饭吃，菜就是那几条咸鱼。吃完饭，和这家人聊上几句后，我两只眼的眼皮沉重得难以睁开，两条腿也沉重得不听使唤，浑身感到无力，看见屋内有一张床，我说我太累了，想休息一会儿再走，刚躺下就睡着了，直到下午妹妹来叫醒我。原来她下午出去找到旁边不远的一家人，家里只有一个女人和两个小孩，丈夫去当了兵，女的是浙江人，在那家女人热情的挽留下，我们在她家吃了晚饭，她还腾出一张床，让我们姐妹睡了一晚上。

第四天天刚亮，我们就起床了，问两个小孩得知他们的妈妈已经去做工了，我们出门走了一段路，才看到她在做农活，我们和她告别后开始走路。从板楼乡到孟康县城的路程还很长，有时还要爬山抄近路，就这样我们大约走了十公里路。忽然我发现离路边不远有一条小河，河水很清，于是我们急忙跑下去饱喝一顿，用双手捧起水来洗洗脸，三天没有洗脸了，觉得清醒多了，洗完脸后，我们又继续赶路。

经过几天的艰苦跋涉，我们于6月14日下午6时许到了中国边境。我心里不知有多激动和高兴，几天来累、渴、饿的感觉顿时烟消云散，那种如释重负的轻松、快慰是无法用语言来表达的，我激动得热泪夺眶而出。

四、回到祖国的怀抱

当我们跨过国界，回到祖国母亲的怀抱时，我们感到无比的幸福和温暖。在口岸，中国专门设立了工作组，接待、安置回国的华侨。我们刚回到国境，就有工作人员马上来登记我们的信息，可是我们听不懂他们说的话，工作人员叫来一个翻译，问我们叫什么名字、从哪里来。我试着用广东话回答，在与翻译的沟通下，工作人员登记完毕后就让我们住进了离国界500米临时搭建的茅草棚，在那里还有许多华侨。我们在口岸住了一个星期后，工作组把我们送到河口县桥头乡老董寨的华侨临时安置区，在这里我们住了 5 个月。每半个月工作组按每人每天 1 市斤大米发给我们，其间省侨办领导也专程来看望我们，红河州医疗队免费给我们检查身体和看病。我们根据安排，参加一些劳动，比如割草、栽秧、背沙子盖房子等。

回到河口，我姐妹俩和姐姐一家团聚，而我的父母因为在我之前回国，已经安置到文山州平远街华侨农场。父亲还写信到越南，上面有地址，我一直随身携带信封。

5 个月后，我们这批华侨都被安置到各个华侨农场。根据我提交的父母的地址，我们被安排到文山州平远街华侨农场。一辆大巴车把我们拉到了平远街华侨农场，场部即刻安排一间小房子，发给一张床和一些生活日用品。至此，历经短暂分离和一番磨难，我们全家人终于团聚了。到农场第二天，农场有人来登记信息，我当时报的是 1979 年 6 月回国，11 月到了平远街华侨农场，11 月 21 日正式在农场上班。那时上班根据农场场部的安排，挖鱼塘、种小麦和稻谷，什么活儿都做。回到祖国后，我们得到农场领导、职工和亲人无微不至的关怀和照顾，他们为我们创造了一个安心、稳定的生活和工作环境，使我深感祖国大家庭的温暖。每月 30 元的工资，父母、我和二姐，四个人工资要养活 7 个人，虽然生活艰苦，但人人平等，没有人受歧视，不像在越南时吃了上顿愁下顿，想买件衣服或什么生活用品都很难，特别让人痛苦的是没有自由，精神上受人控制。说实话，虽然回国的路途很艰辛，但我庆幸的是我已回到了祖国温暖的怀抱，是祖国给了我新生活和新的希望，使我过上了安稳幸福的生活。回想这一路历经艰难险阻踏上回国的归途，是那样的艰辛，那样的刻骨铭心，还有许多说不出的伤感。回国那段艰难的经历虽然已成为历史，但我永远都不会忘记。

五、工作经历

因为我在越南上过学，1982 年，我调到平远街华侨农场子弟小学教书，主要就是教美术。回国后，我下决心要学中文。妈妈在越南学过中文，她会写繁体字，一次她作为先进归侨代表到昆明开会时给我买了一本《新华字典》，我就一边学中文一边教书。

那个时候，每年都有很多云南陆军学院的老师到农场实习，在了解了我的情况后，他们把我的讲课（越语）录音带回去研究，觉得我越语讲得好，曾经说要把我调到陆军学院教书，我心里想自己中文也没学那么多，不敢去就放弃了。有个陆院的老师想学越语，中午就偷偷找我学，我就把我想学中文的想法告诉他。他告诉我用字典来学习的方法，我就一直坚持用字典学习中文。

我姐夫的母亲有一个妹妹是河口本地人，她有一个儿子，在一次来看望我亲妈（姐姐的婆婆）的时候我们认识了，那时因我不会写中文，他就写信给我妹妹，再由我妹妹翻译成越文给我，慢慢地我会用中文回信给他，并确立了朋友关系。他在河口县水电局工作，他给我写信的时候也经常鼓励我学中文。

1983 年，我和他结婚，在农场摆了几桌酒席。婚后，他一个月来平远街看我一次。这个时期国家有政策，归侨可以投亲靠友，我们一家又陆陆续续回到河口。

1986 年，河口县桥头小学有一个印度尼西亚归侨因个人原因不能继续教书，我被调到河口桥头小学教书，继续从事美术教育。在工作期间，我通过自学，取得了昆明市委党校 93 级经济管理专业中专文凭。1990 年 2 月，我调到河口县侨联工作，1999 年任秘书长，2003 年任专职副主席兼秘书长，2008 年退居二线，2013 年正式退休。

我经历了不同历史时期、不同国家的生活，但对于我来说我更爱我的祖国，特别是每当听到奏中华人民共和国国歌时，我都感觉像有一股热血涌上心头，我为我的伟大祖国感到自豪与骄傲。在祖国的怀抱里生活和工作三十多年来，我从一名普通工人转变为一名教师，从一名小学教师慢慢成长为一名侨联干部，我的体会就是人必须努力学习。无论做什么工作我都认真负责、一丝不苟、任劳任怨，为祖国尽我一点微薄之力。如今我已退休，享受着党和国家给我的优厚待遇，感谢祖国对我的关心照顾，我衷心祝愿祖国更加繁荣昌盛，人民幸福安康。

归侨致富领路人

李德寿

李德寿在查看生病的玉米

被访谈者简介： 李德寿，男，汉族，祖籍文山州马关县，1972 年 6 月 18 日出生在越南河江省，1978 年 8 月回国至云南省保山地区（今保山市）昌宁县柯街华侨农场，现任柯街镇华侨社区党总支书记、居民委员会主任，保山市及昌宁县人大代表，同时兼任保山市侨联常委、昌宁县侨联副主席、柯街镇华侨社区侨联主席，先后获“云南百名好支书”“云南好人”殊荣。

访 谈 地 点： 保山市昌宁县柯街镇华侨社区

访 谈 时 间： 2023 年 3 月 30 日

访谈和整理： 毕娇娇

一、回国经历

我是一名越南归侨，1972 年出生于越南河江省箐门县。依稀记得，1977 年越南当局进一步反华排华，很多华侨半夜就悄悄把财产向国内转移。我家因为孩子小，父母没有精力做更多的准备。到了 1978 年一二月份，父母带着 6 岁的我、小妹和奶奶随大批华侨一起回国，走的时候我家赶着 2 匹马、3 头牛到了边境，被越南兵堵下，他们也不伤害我们，只说牛羊牲口是国家财产，不准带走，只能带行李、金银细软。当时，有的亲戚回不来，比如我二叔，因二婶是越南人，不敢回国，就举家南下。

我们回国后，最初被安排在文山州马关县都龙镇花山村，后又把我们从马关调到保山地区昌宁县柯街华侨农场。

当时从越南回国的华侨多半来自越南广宁省、河江省、莱州省和老街省。莱州省的华侨祖籍多半是红河州元阳县的，全国有 84 个华侨农场接待回国华侨。其中，云南有 13 个华侨农林场，从越南回来的华侨大部分被安置到云南，也有少量被安置到了山东、广东、广西、海南、浙江，还有福建。我记得当时是38辆大客车，辗转一个月，把我们拉到柯街华侨农场，到了农场，由场部统一安排到每一个生产队，都是队长来接。

1979年，我们一家三代六口人被分配到柯街华侨农场六队居住，当时我家被分配在那种一楼是马圈，人居住在二楼的木板房间，条件比较差。次年，场领导动员年轻力壮的归侨组建基建队，盖了许多联排宿舍，但因条件限制，每户也只是分得正房和厨房各一格，面积不到50平方米，人均建筑面积不到9平方米。

柯街华侨农场在昌宁县的柯街乡和卡斯乡之间，是由新光劳改农场改过来的，最远的一队离今天的社区也不远，先后有

柯街华侨农场职工在劳动

三批归侨2648人回来，分到农场9个队。场部有电影放映队、球场等，定期为群众放电影，节假日开展文体活动。我们回国的时候，柯街华侨农场机械化程度还比较高，有插秧机、收割机，当时是属于附近乡镇中比较富裕的。回国的华侨15岁以上可以招工，每个月18元工资，那时鸡蛋才几毛钱一斤，政府还向我们归侨供应牛奶、鸡蛋，当时周边农村还吃不饱饭，这体现了党和政府对归侨的关心。

二、农场改革

十年以后，归侨都习惯了当地生活，和当地居民互相通婚，互相融合发展。1988年，农场进行第一次改革，将原来省侨办直管权限下放到保山地委管；1997年，农场第二次改革，主要内容是：将华侨农场改革成昌宁县人民政府管辖内的农业企业，实行政企分开，原侨场内设的学校、医院、派出所成建制交由昌宁县政府统筹，实行土地承包，人均2亩土地，女职工40岁、男职工50岁算场员，自己缴纳社保，由于地方政府重视改革方案切实可行，所以进展比较顺利，成效明显，解决了当时农场负债多的问题，当时集体经济负债1000多万元。

随着改革开放的推进，90年代末，周边乡镇逐步发展，最明显的就是周边都盖起了砖瓦房，但农场仍然是一排排土基房，经济不活，百姓没有更多的收入，国家也看到了农场存在的问题，到2009年，开始对农场实行第三次改革，这次改革的主要内容是再次将华侨农场的管理权限下放到乡镇，实现体制融入地方、管理融入社会、经济融入市场。通过这次改革，社区完成了农村危房改造和道路硬化工程，联排集体宿舍变成漂亮的独栋洋楼，人均建筑面积达到 30 平方米以上。水泥硬化道路“组组通”，水电、网络“户户通”，当初的泥滑路烂变成如今的大道通途。我和弟弟妹妹都是自己盖的房子，人均建筑面积达到 30 平方米以上，人人都能安居乐业。

改革前的华侨社区没有一条像样的水泥路面，行人“冬天一身灰，夏天一身泥”，坑坑洼洼，泥滑路烂。记得当时我父亲买了一辆手扶式拖拉机，用于跑运输。每逢雨季，父亲出车都要叫上左邻右舍亲戚朋友帮助，将车子连推带抬挪到大路上。

如今，华侨社区 3000 多居民既是市民又是农民，社区楼房整齐漂亮、街道绿树成荫，形成以种植蔬菜、养殖业为主，旅

原华侨农场一角及糖厂

游服务业等多种产业经营的发展格局，社区还每年吸引游客 3 万多人次，居民从农业、养殖业跨越到旅游业。三次改革，也是我国从弱到强的变迁过程，也是民族团结进步的一个缩影。

现在华侨农场糖厂全貌

三、百姓致富带路人

作为越南归侨，虽然在生活上我们得到了国家许许多多的照顾，但当时实行集体挣工分、吃大锅饭的生产体制，所以我们的生活依然艰难。由于条件有限，归侨住的是土坯房，甚至是牛圈、马圈，家人起早贪黑，只能勉强吃饱肚子，条件虽然艰苦，但磨炼了我的意志。1980 年，我们家分到了 20 多亩水田，种了露天西瓜，爸爸妈妈明显比原来忙碌了。第二年早春，西瓜大丰收，记得当时就卖了8000多元，那年我觉得我们家开始脱贫了。当年年底，家里买了一辆永久牌自行车、一台山茶牌12寸黑白电视机。记得当时正在播放电视连续剧《武松》，左邻右舍和我们全家人围在一起看电视的那种幸福和自豪感，是现在的人很难体会到的。

我在华侨农场职工子弟学校坚持读完高中，毕业后通过招工到了华侨农场的糖厂工作。在当时特有的历史发展环境和集体发展体制下，大家还是日出而作、日落而归，传统的生产模式仍然没有更多的收入。随着国家改革开放的深入，经济开始逐渐搞活和发展，被人们视作“铁饭碗”的糖厂面临经营困境的状况，在市场经济的冲击下，有一段时间，农场甚至只能拿砂糖代替工人工资。当时的华侨农场既是生产经营的实体，又承担着农场里学校、医院等社会性的公共事务，机构臃肿，经营方式落后单一。曾经在当地令人羡慕的华侨农场，慢慢落后了，跟不上时代发展的需要。而在农场外，柯街镇的蔬菜种植开始发展起来，很多外省的客商慕名前来收购蔬菜。为了生存，我从糖厂工人变成了一名蔬菜批发收购的中间商。当时，装一车蔬菜就能赚到150元，而当地人均月收入不过160多元。1985年，我听说相隔50多公里的湾甸乡，由于气候适宜，当地居民正在大规模发展蔬菜种植，而且效益可观。想到发展机会很大，我邀约了30多个亲戚朋友到湾甸种植蔬菜。当年承包土地900亩，我自己承包土地70亩，种植西瓜和辣椒。由于当时种植技术不够成熟，几年下来，当年和我一起去的年轻人全部打道回府，我也几乎血本无归。但我认定了目标，没有气馁，积极向当地种植能手请教，购买书籍自己学习，通过近3年的摸索实践，逐步探索出了一套成熟的蔬菜种植技术，承包种植的70亩地，效益也逐步显现。这段经历虽然没有实现致富的梦想，但在蔬菜种植技术、农业科技、意志磨炼等方面积累了宝贵的财富，也为我今后的发展奠定了坚实基础。

2008年，原农场干部赵绍贵找到我，动员我回到农场工作。我至今都记得赵绍贵对我说的三句话：“这个钱是赚不完的，但是人生在世，还是要多多尝试。”他说：“雁过留声，人过留名，不应该默默无闻地来，又默默地走。”“你倒是好吃好玩好喝了，赚钱了。而你的家乡、你的亲戚朋友还住在简陋的房子里，你却自己油光水滑？你不害羞吗？”他的话深深震撼了我，经过再三思考，我认为柯街也适合种蔬菜，我放弃了湾甸效益日趋明显的蔬菜种植基地，开始返乡创业。

20世纪90年代末，柯街镇开始引进大棚反季蔬菜种植，经过考察，借助多年的蔬菜种植经验，加上好学好思考，我在社区试验种植6亩，重点推广深沟养水、大棚种植技术，当年实现产值3万元，亩产值提升了5倍，获得了首次成功。次年，我便将种植规模扩大到20亩，产值超过了10万元。效益是最好的示范，我种植反季大棚蔬菜获得成功后，社区居民纷纷效仿种植，我将滴灌节水、测土配方施肥、使用有机农药等种植技术无偿传授给社区居民。从此我带领群众种植蔬菜瓜果，华侨社区大棚蔬菜种植开始了规模发展，面积和效益逐年增加，带动了当地大棚蔬菜种植规模发展。

到2022年，全社区大棚蔬菜种植面积3800亩，产值达到8000万元以上，土地产值从过去的1000多元跃升至2万多元，蔬菜产业成为社区居民增收致富的支柱产业。

一人富不算富，大家都富才是富。能带动群众致富我觉得很欣慰。

四、社区发展领路人

2009年6月20日，中共柯街华侨农场委员会撤销，成立柯街镇华侨社区居民委员会，由于我创业获得成功，并带动社区群众增收致富，得到了社区居民的充分肯定，高票当选进入社区“两委”领导班子。那个时候社区书记还由柯街镇党委书记兼任，国家改革叫“扶上马，送一程”。2012年，我全票当选为华侨社区党总支书记。这些年来，我坚持把社区当作家、把居民当家人，带领社区“两委”班子以改革、思想、产业、文化和服务凝聚民心，在党和群众之间搭起一座连心桥，使社区发生了翻天覆地的变化。

一是用改革凝聚人心。针对社区居民居住条件简陋、出行困难、思想波动等问题，社区党总支结合实际制定了改革目标，把服务居民、凝聚人心、优化管理、维护稳定贯穿于改革工作的始终。全面落实养老保险、医疗保险、低保等社会保障，改造供水管道、外部输电线路、内部供电电线、水泥路铺设等，使居民饮水、用电、出行等问题得到全部解决，广大归侨经历了刚回国时的观望、动摇到现在国家繁荣昌盛、百姓富足的发展变迁，坚定了跟党走的决心。

二是用思想凝聚人心。社区党总支紧紧抓住居民生活发生巨大变化这个根本点，注重抓实社区居民的思想建设，采取“算、比、思”的方式开展感恩教育讲座，召开“议变化、感党恩、促和谐”恳谈会，组织看改革开放40年社区发展变化图片展等活动，引导归侨侨眷知党恩、感党恩、报党恩。大家一改过去“等、靠、要、怨”的消极思想观念，积极主动发展经济，投身社区公益事业建设。现在，可以说，党总支说话大家听、党总支办事大家跟、公益事业一起做、服务群众互相帮。

三是用产业凝聚人心。归侨侨眷思想和生活稳定下来后，社区党总支又将目光聚焦在居民的增收致富上。在发展经济中，通过不断实践探索，确立了“稳粮扩径、扶老育新”的产业发展路子。注重发挥社区党总支和党员示范带动作用，指导大户带头，组建起热带果蔬种植专业合作社，引导居民土地适度规模流转，畅通居民市场信息渠道，积极为社区居民提供农机耕作、品种改良、农资销售服务，降低居民生产成本，推动社区居民增收致富，社区经济总量逐步壮大，居民收入逐渐增加。2020年年底，我们社区人均纯收入达到18420元，经济总量达到1.5亿元。

四是以文化凝聚人心。社区归侨侨眷来自不同的地方，具有不同的文化特色，社区党组织注重针对居民多样化的实际，组建各具特色的文化服务队，组织群众自发义务演出，华侨帽子舞和竹竿舞多次获奖，促进各民族文化互融互通，促进不同族群、不同地域、不同文化群众相互融合。同时，积极践行社会主义核心价值观，以“弘扬家庭美德，创建平安家庭”为主要载体，营造“人人做好人，好人做好事，好人有好报”的良好社会舆论氛围。现在，逢年过节，居民们都会自发组织文艺表演、开展体育活动等，用最淳朴的方式表达他们对美好生活的向往之情和对党委政府的感恩之心。

五是以服务凝聚人心。社区始终以服务提升公信力、增强社区归侨侨眷的归属感为目标，不断提升党组织的服务能力和水平，让社区居民时时感受到党的关怀和祖国的温暖。着眼于全面提升基层社会治理的能力和水平，坚持从实际出发，积极探索创新社会治理新途径，通过发挥各级综治中心的平台、载体作用，实施“网格化＋便民服务”和“网格化＋矛盾化解”，以综治（网格）中心为依托，建立矛盾纠纷多元化衔接指挥平台，组织协调辖区矛盾纠纷多元化解工作，结合运用网上调解系统，通过网格员走访采集、平台协同管理、部门联动参与，实现“线上线下”互通的一站式便民服务。

五、发展壮大集体经济

柯街华侨社区的集体经济现在在全县来看都是比较好的，这得益于我们积极探索村级集体经济发展的路子，实现集体经济收益 112 万元以上，具体采取四种办法。一是走土地经营型路子。出租 7401 亩集体土地，实现集体经济收入 39 万元。二是走盘活集体资产增收路子。出租闲置房屋、产地等实现集体经济收入 62.12 万元。三是走依靠服务创新路子。社区牵头成立了环境卫生清理整治服务队，通过收取垃圾清运费等实现集体经济3.3万元。四是走依托合作社入股路子。

我们建成了社区储藏冷链系统，这个项目共投资213万元，总占地面积3000平方米。其中，共有储藏冷库3间500平方米，以及盐水池、制冷库、农产品分拣包装、办公用房和交易大棚等设施。社区采用“村社共建、资产入股、合作社运营、社区固定分红”的模式，即社区依托冬早蔬菜产业优势，将省级扶持村级集体经济项目资金100万元入股，与侨众和果蔬种植合作社共同投资，经营管理全权委托合作社，将冷库建设成为一个蔬菜分拣、冷藏、包装、运转、营销的服务网点，社区每年固定分红7.58万元，助推华侨社区成为昌宁县收入最高的集体经济强村。

近年来，我还带领社区积极向上争取补助资金，在华侨社区先后实施了危房改造、上海市侨办对口帮扶、居民活动中心、高效农业建设等项目，通过项目的实施，社区居民的生产生活条件有了大幅提升，居民人均纯收入从2009年的3100元增至2019年的16900元，初步实现了村庄整洁、设施完善、经济繁荣的建设目标，成为昌宁县新农村建设的典型。

为了促进社区各项产业持续健康发展，不断探索新的发展思路，结合实际，提出了“稳粮、提菜、固蔗、壮畜、育新”的多元化产业发展思路，并鼓励和支持社区致富带头人成立了侨众和果蔬种植专业合作社等经济合作组织，初步实现了产业集约化发展，涌现了一批致富带头人。

李德寿到老党员家讲党课

扶贫互助社党支部副书记李自福同志带头组建的“侨众和果蔬专业合作社”，不仅向社员赊销农资，同时还做好免费技术指导和产品销售工作，现在居民农特产品已远销俄罗斯等国外市场和四川、湖北等省外市场，为社员增加了更加可观的利润。如今，社区蔬菜专业合作社基地已覆盖市内外，社区居民参加各种合作社的入社率已达85%，党总支的引领带动作用发挥明显。

我们社区八组居民黄氏英老人，现年92岁高龄，是军烈属，和所有归侨侨眷一样享受许许多多惠侨特殊政策，既有退休养老金，春节还有慰问金，用她的话讲就是“做梦也没想到党和国家对我们这些海外游子会如此的关心、关怀和倾斜照顾，一定教育好后代子孙世世代代都要感党恩、感祖国之恩，吃水不忘挖井人，中国共产党才是我们的大恩人”！逢人就竖起大拇指称赞“中国只有共产党才会全心全意为人民谋福祉，心甘情愿当人民的公仆，中国就是共产党好”！

现在，华侨社区居民主动融入地方，安心定居、安心发展。多年来，从未发生群体性上访事件。在党总支的带领下，居民过上了幸福生活，由于成绩突出，发展成效明显，2015年华侨社区被国务院侨务办公室评为“全国社区侨务工作示范单位”、

2015年12月被中国地震局评为“国家地震安全示范社区”、2016年6月被国务院防范处理邪教问题领导小组办公室评为国家“创建无邪教示范社区”、2017年12月被国家减灾委员会和民政部评为“全国综合减灾示范社区”。我本人也先后被省市县委评为“侨务工作先进个人”“归侨侨眷先进个人”“云南省优秀村（社区）党总支书记”“云南省百名好支书”等。

荣誉也是动力。当年我属于全县年纪比较轻的支书，现在年龄算是偏大的了，我现在的任务是做好传帮带，培养社区年轻人。从我个人家庭情况说，父母身体健康，一个月有3000多元退休金，在我们这儿用不完。我家里还有6亩地，妻子平时种蔬菜，全是滴灌技术，劳动强度不大；独子在云南民族大学玉溪分校上学，即将大学毕业，一家三代其乐融融。

回想走过来的历程，赶上国家改革开放，我有了发挥作用的地方。我相信，华侨社区的明天会更好。

流离天涯　再也看不到彼此一世欢颜

叶成亮

叶成亮与父亲的合影

被访谈者简介：叶成亮，男，祖籍广西，1964 年 6 月 21 日出生在越南广宁。1978 年 5 月回国，安置在宾川华侨农场，现在宾川县金牛镇太和华侨农场八队务农。

访谈地点：云南省宾川县金牛镇叶成亮住所

访谈时间：2021 年 11 月 27 日

访　　谈：毕娇娇

整　　理：叶成亮　毕娇娇

一、童年的记忆

1964年6月21日，我出生在越南广宁省横蒲县的同登。据祖父说，叶家侨居越南到我这一代已经是第九代人了。

我们叶家原先侨居越南时，经过前辈们的努力打拼，家境逐渐富甲一方，是当地有名的儒商。家庭始终传承中华民族的优秀传统，勤劳上进，历代人才辈出，在不同时期都能立足社会、服务和贡献于社会。后来，由于战乱，家道中落。祖父的父母及兄弟姐妹们随着7月21日《日内瓦协议》生效之后所掀起的迁徙潮而举家迁往南方西贡。而祖父却阴错阳差地留在了北方。后来，祖父在北方成家，有了我的父亲、姑姑和叔叔们。

一日，祖父与我父亲深夜促膝长谈，祖父说："你已经长大了。我将离开芒街前往海防去寻找新的开始，以便对大家都好。但我不放心你的弟弟妹妹，所以，你现在必须成家，长兄为父，长嫂为母……"就这样，我的父母仓促间成婚了，那时他们都只有十七八岁。父亲年轻帅气，母亲美丽。他们生下了我的姐姐。那个时候，父母非常辛苦，因为他们还要抚养两个小姑和两个小叔叔，有个小姑年龄和母亲差不多大。父亲在这样的年龄，还时不时受到种种政治因素的侵扰，生活给父母带来一次又一次无以复加的艰辛和苦难。

祖父在海防奔波打拼多年后，决定逐步分批带领我父母举家迁到横蒲县同登镇第三号桥旁安家，祖父的其他家人也团聚在离我们不远的他吉。

就这样，父母在依山傍水的地方辛勤劳作，建起了属于他们的茅草屋。我就出生在这里，父母生下了我们兄弟姐妹共 7 人。

二、一封来自南方的信

1975 年 4 月 30 日，越南解放统一后，随之交通、信息逐步恢复畅通，为此，祖父高兴得彻夜难眠。突然有一天，一封来自西贡的信辗转送达祖父的手里，祖父顿时泪流满面、泣不成声。原来这封信是祖父的大儿子秀枝伯寄来的。

收到秀枝伯的信后，祖父还没来得及办理前往南方的通行证（当时，虽然南北统一，但当时情况复杂，办理通行证要审批且费时）就带着父亲、叔叔和姑丈一行 6 人，迫不及待地前往南方西贡寻找失散 20 多年的亲人。一两个月后，祖父他们都回来了。据父亲说，他的爷爷早已逝世，奶奶尚在。祖父感伤不已，他的大部分亲人都去了美国、英国、德国、加拿大，仅剩下一两个弟弟妹妹、儿子和年迈的母亲。父亲说，在伯伯的陪同下，他们游览了顺化、岘港、芽庄和西贡的许多名胜古迹。

由于祖父一行 6 人均未来得及办理通行证而擅自前往南方

西贡探亲，祖父他们回来后都被越南公安抓去关押了一个多月，并被吊销了林场工人的户籍。关押和吊销户籍就意味着断供粮食，然而这仅仅是开始。祖父在他吉建盖的中式四合院房子也被“自愿”充公。祖父无奈只得举家从他吉来同登投靠我的父母，祖父一家十多口人就住在我父母临时建盖的茅草屋里，生活窘迫和困难，全靠父母平时储备下来的木薯干维持度日，那个时候大概是 1976 年。

我的家坐落第三号桥（中国援建的）的公路边，背靠连绵不断的原始森林安子山，有一条长年不断的大溪流从家门口流淌过去，不远处是军事驻地、印刷厂、国家地质队、友谊机械厂、学校、车站、商店、市场，一条宽阔的柏油路连接南北，不远处就是大海。海紧连着锦普和鸿基的下龙湾。我家房屋庭院和周围分别种着集经济和观赏为一体的果树林木，如茶树、咖啡树、木菠萝、龙眼、荔枝、阳桃和番石榴等。在房屋不远处紧挨溪流的地方，生长着数棵参天的古松油脂树，每棵树的树冠很大，占有好几亩地。这些树的树龄不知道已经多少年了，有的树体已经空洞了，但其仍有顽强的生命力，在春天开始的时候新枝勃发，青翠欲滴。

早年间，由于形势所迫，父母将离家偏远开垦的土地和耕牛加入地方政府兴办的农村合作社，从自由拓荒者、自耕自种者变成合作社的成员，家周边仍保留部分土地悄悄种植苞谷、水稻、黄豆、木薯和地菠萝作为主要的生活经济来源，加上父母懂得酿酒和配制酒曲的手艺，家庭勉强度日。当时，私自酿酒和制作发酵酒曲是违法的。

父母蒸酿的酒香味四溢，口感醇厚；经过多种中草药调配制成的酒曲发酵后蒸酿的酒出酒率高，保持各种原食材的固有香味，因而，我家的成品酒和酒曲深受欢迎，同时也常常被作为走私物品没收。但只要情况和风声稍微有所缓和，父母又开始偷偷去酿酒，继续“屡教不改”地重操旧业，这是当时的状况，为了生活别无选择。

父亲擅长针灸和中草药医术，经常施医治病。他人缘好，社交很广，结交的人中有越南人，有华人，有左邻右舍，也有远至芒街海防的。

父亲从西贡回来被公安关押之后，就变得沉默不语和忧心忡忡。经过一段时间的思考，他变卖了家里仅能快速兑换成钱的一辆中国制造的凤凰牌自行车，并托人搞到一张前往南方的通行证。临走前，父亲小心翼翼，怀着内疚和忐忑不安的心情坐在母亲的床边，那时，我母亲正在坐月子，她刚生下我的七弟七天。他们说了很多，母亲劝父亲说：“要么别去了，我听我弟弟偷偷和我说，现在有很多华人学生和单身青年人，都陆陆续续通过老街和河口等地方回中国去了……”父亲说：“不清楚，我也听说了。但明天的车票已经买了，如果时局真的变了，我会赶回来的……”

这次父亲的离开是他和母亲结婚近二十年来的第三次离别，第一次是父亲一人到同登垦荒，第二次是父亲到西贡探亲的暂时别离，这是第三次，是 1977 年 11 月 1 日，他是为了全家生活的新开始而离开的。

当我背着书包放学回来时，母亲抱着小弟抬起红肿的眼睛对我说：“你爸早上已经去西贡了！”我的心怦然一动，茫然无措地注视着母亲……

父亲南去之后，家里所有的农活都需要母亲独自一人承担，我放学回来主要就是去放牛，牛一半是自己的一半是合作社的。放牛时，家里的黄狗总爱跟着我。一次，我看见草丛中有一窝黄蜂，我捡起一块石头在阿黄的面前晃来晃去，然后朝黄蜂窝掷过去，阿黄立即冲上去，突然，阿黄“汪汪汪”地尖叫疯跑了起来，它是被蜂蜇了！这时，我开心极了。

三、山雨欲来横遭变故

母亲每天披星戴月、含辛茹苦，整天忙忙碌碌，转眼到了1978年春天。

一天，六叔突然从海防来到我家低声说，现在局势又不稳定和紧张起来了。饭后，六叔回海防，临行前，分别和祖父和母亲强调要尽快做好离开越南回中国的准备。

母亲茫然无措。之前祖父多次发电报去南方催促父亲速返，但是电报如石沉大海，音讯全无。母亲望眼欲穿也等不到父亲回来。

经祖父安排，我模糊记得具体细节：家中小的由六叔来接，先搭车到海防。不能集中走，要分批走，挑着行李不能交谈，要装作互不认识，到了广安车站才能搭车去六叔家会合。母亲一面焦急地期盼着父亲的归来，一面果敢地变卖着家中的一切，半卖半送地处理着原先准备建盖新房的所有材料。在离开前夜，有几个越南老妇人趁着夜色来和母亲道别，母亲将不能带走的东西分别送给了她们。

天蒙蒙亮，祖父家和梅姑家共10人分为一批，挑着行李先走。半小时后，我母亲用背带背着七弟，姐姐背着六妹，她们都挑着锅碗瓢盆、衣物被褥，向着广安、海防的车站步行。最后一批是六叔带着我、三弟、四弟、五弟，还有一个叔叔和姑姑，他们和祖父住，年龄和我差不多。我们这一批，不用走路到车站，是直接搭车到海防六叔家。这时，我们家的阿黄怎么赶也赶不回去，一直跟着我们到公路旁。客车停下来时，六叔招呼着我们依次上车，阿黄紧跟着我，我赶忙把书包丢掷在公路的旁边。上了车后，一位越南妇女善意地提醒我："你的书包落在路边了！"我故作探出头，车窗外，只见阿黄依旧蹲在书包旁，不知所措地转来转去。

同登四月间的早晨，春寒料峭的。离开的那一刻，我的眼睛模糊了，泪水不止，我安慰自己：父亲一定会回到祖国，并在茫茫人海的离乱中找到我们。

六叔家居住在海防的夏丽街，海防是越南北方一个重要的港口城市，是越南对外交流和物资运输的重要通道，环境素雅清新，空气宜人。很多华侨华人都在海防谋生、打拼。晚上，祖父家、梅姑家人还有我们一家人都齐聚在六叔家，人很多，感觉都挤不下了，吃饭、睡觉都要分桌和打地铺。经商量，我们一家和祖父家、梅姑家和六叔家，过两天就先走，而六叔岳父岳母家的人要过几天才走，因为要变卖一些家产，处理妥当后才走。经多方打听，确定此次回国的路线是先从海防搭车到河内，再在河内搭乘火车到老街。在回国途中，只要留够车旅费即可，其余的越南钱都要花掉，去购买些回到中国后能用或能兑换成钱的物品。

第二天，祖父去和朋友告辞，六叔带着我去海防市场逛。海防真大，市场上的物品琳琅满目，大家又在海防买了一些绸缎、布料衣物、行李和西药等日用品，有的还买了手表和黄金首饰。站在路边的岸上或立交桥上，目之所及，蓝蓝的海面上井然有序地穿梭着各种各样的轮船。偶尔，海面上的邮轮汽笛声骤然响起，这是我在同登的海面上无法看到的海与城的广阔和繁华。

四、颠沛流离的回国路

过了几天，我们从海防搭乘私人车到河内，大约一个小时就到了，河内火车站人山人海，人来人往，有操着不同口音的华人，有广西的白话、广东的粤语……喧嚣的长长的站台上，人们三五成群、拖儿带女，背着行李挑着担。

海防是有火车的，祖父他们之所以决定到河内搭车到老街，是出于方方面面的考虑。河内火车站是越南全国的交通枢纽，在我们陆陆续续地随着人流登上火车的时候，人们突然惊恐地发现此趟开往老街的列车不知什么原因，要被卸掉几节车厢。已坐在车厢里的人群惊恐地骚动起来，人们纷纷从车厢里跑下来，又朝着其他车厢冲挤上去。顿时，车站上只听得操着不同口音的人尖叫着亲人的名字，没上车的从窗口挤爬上去，在车里的亲人从窗口伸出手接应……

我们一行人大部分已经上车，祖父急得满头大汗，他边忙着清点人数边不停地确认大家上来了没有。我在车厢里往外寻找母亲，只见她在混乱的人群中背着我七弟，正在竭尽全力地将五弟、四弟、三弟一个接一个托起往车厢的窗口递进去，车厢里接应的祖父和叔父，还有不知名的人都帮忙把几个弟弟接过来。可就在车鸣笛快开的时候，母亲仍未上来，记得祖父伸手大喊："阿三嫂，快点过来。"

母亲背着我七弟，伸着手跟着火车跑，急得泪流满面，终于在最后一刻被大家拉拽上列车。列车"咣当咣当"地行驶着，车厢里，挤满了人，人们在过道或蹲着或斜躺在自己的行李上。

列车穿越村庄，在山岭间缓慢地行驶着。

车窗外，暗夜和黎明的光线在悄无声息地变幻交替着。也不知道过了多久，中越口岸的老街火车站到了。下了火车站，人们拖儿带女，担着行李，不约而同沿着一条山间竹林的小道往南奔走。山间小道的两旁，都间隔数十米地站着身穿深褐色制服的越南边防公安，他们都佩带手枪，面无表情地警戒着。下车时，母亲把仅有五个多月的七弟交给我背着，祖父断后。

走着走着，我累得满头大汗，气喘吁吁地说："阿公，我有点背不动了。"祖父在后面用手轻轻地摁了我的头一下，示意我赶快走。走了两三公里的下坡路后，有一条三十多米宽的大河横挡在人群面前。河的上面是一座长长的大桥连接两岸，但是没人走，应该是被封堵了，这就是老街到河口的口岸大桥，桥的河堤对岸，站满了祖国的亲人。

面对湍急的河流，难民们止步不前，犹豫着、观望着。“从这里下去吧”，一位路过的越南平民善意地提醒。人们面面相觑，但看到不远处荷枪实弹蹲伏着的越南军人，气氛顿时又紧张起来。与此同时，对岸一字排开的祖国亲人挥动着手，向我们这边大声喊，当时也没听清楚喊的是什么。突然间，难民们齐刷刷地不顾一切冲下去。就在我们这边冲下河开始涉水的时候，对面的人也不约而同地冲下河！他们纷纷伸出坚强而温暖的手，来接应正在涉水过来的难民。

在水中，或牵拉着我们这边的人，或接过我们大包小包的行李，或帮着背起小孩和老人小心翼翼地过着河……此时此刻，我被深深地震撼，情不自禁地流下热泪。在水中，我背着七弟艰难地前行着，河水越来越湍急的时候我害怕极了，这时，迎面涉水过来一个同胞，他伸出手把我和七弟拉上岸……一河间隔着两国，河水静静地流，那条河应该是南溪河。

四十多年过去了，当时那个场景仍会时常萦绕在我脑海。每当想起这个场景，我仍会满眼泪水。

五、去农场的路上

我们一家在祖父、叔叔的带领下，到了河口安置点。记得那个时候到处都是接待难侨的临时安置点，很多回国的人都讲白话（客家话），政府派了翻译，有工作组负责安排我们的吃住。当时，我的印象是河口到处都是水泥砖瓦结构的房子，山上有很多橡胶树林，环境整洁有序，但建筑风格与越南迥然不同。

不记得过了多久，接侨的工作人员说归侨可以自愿选择去福建、广西或云南的各个华侨农场。当时，祖父说我家祖籍是广西博白的，选择去广西。但当我们准备搭乘去广西的车时，突然发现我的五弟和六叔的小女儿没有上车，我们只好下车。工作人员安慰母亲和六婶说“不用担心，我们一定会帮忙找到他们的”，于是我们错过了当天前往广西的车队。

后来，根据安排，六叔的岳父岳母一家去了文山平远街，而我们一大家子随另一批次的归侨坐班车到了大理宾川（太和农场）华侨农场。

载着越南归侨的车有好多辆，形成一个长长的车队，开得很慢。从河口启程，沿途经过每一个地方，人们都很热情，接待站和旅社的工作人员对我们的关心无微不至。我记得在红河州的开远接待站，我们家共 8 个人，吃饭正好一桌，饭菜都很丰盛。当时有一个女干部和母亲年龄相仿，会说白话，见到母亲独自一人带着 7 个孩子，最小的还在哺乳，出于对女人的同情，她还送给母亲很多衣服和一袋白糖，衣服大多是我的弟弟妹妹都可以穿的。她还对我们说，大理宾川是个好地方，她自己也曾经在宾川生活过。多少年后，我仍然时不时想起这位素昧平生的女干部，她送给我们的衣物和白糖在那个年代弥足珍贵。

经过几天的时间，车队到达宾川县的太和华侨农场，那是 1978 年的 5 月。农场有很多桉树，我们到达农场的时候，路两边站满夹道欢迎的群众，还有学生手舞鲜花，锣鼓喧天，大家都在喊“热烈欢迎”，有先回国的老归侨接待我们，为我们分房子、安排吃饭等事宜。我记得当时这批到农场的有 6 辆汽车，400 多人。

六、农场生活

我们一家被安置在十四队，后来改成八队，八队有来自海防、广宁、河内、老街的归侨。农场房子是年代久远的土木结构瓦房，还有临时搭建的一些牛毛毡房子，上面写着各个归侨户主的名字，每家都配备了桌椅板凳、锅碗瓢盆、木床被褥。不久，又有第二批越南归侨到来，临时搭建的牛毛毡房子更多了，人也更多，有六七百人，农场还在队里的仓库水泥晒场上宰牛宰羊给大家一起吃。没有那么多的板凳桌子，大家就分别围着画好的“圆圈”席地而坐，到处响起欢声笑语。

回国后母亲和我们的合影（左二为叶成亮）

那时国家还在实行计划经济，凭票供应，买什么都凭票，队里有食堂，有早点和中晚餐。

队里饲养着牛、猪、鸡等，根据改善归侨生活的安排，队里会按期宰杀。这时，人们会拿着自家的竹篮子、瓷脸盆、铁皮水桶等按先来后到的顺序放置在地上，从食堂的窗口长长地“排着队”。时间一到，工作人员会从窗口根据顺序和户头而分，凭票也可多要或少要。

队里没有自来水，生活用水是从高处的山箐用水管引下来到食堂的封闭蓄水池，蓄水池外建了可以洗衣服的露天水池。除洗衣物外，生活用水是需要挑的，水池在分水管旁也常出现水桶“排队”的现象。

农场属于干热河谷，高温少雨，严重缺水，十年九旱。干旱的年份，土地会龟裂，每年四五月份有雨水的时候开始育苗，产量也低，属于广种薄收，每年有300元左右纯收入都已经很开心了。

听大人讲，因为没有水，农场派人到外地学习打井技术，并成立了以冲锋锥为工具的打井队，到1981年，农场打出20多口井，全场14个居民点，除六队和八队外，都是机井供生活用水，农场打井队还到永胜、祥云、大理等地去支援打井。直到引洱入宾，宾川坝子有水后，种的粮食和经济作物的产量才开始增长。

每到节假日，队里会分发一些什锦饼干，印象最深的是云南冠生园的各式月饼，有时也发牛奶或豆油，每到换季或冬季时，队里常发给职工和家属劳动衣物鞋类和抵御寒冷的棉衣等。

当时，宾川县和农场道路两边全是桉树，树龄可能有一二十年之久。田间地头也是，这是一个独特的风景。公路上机动车很少，偶尔只见几辆老旧的解放牌汽车和吉普车，农场里有几辆手扶拖拉机和推土机，但牛马车、骡子车和毛驴车比比皆是。周边邻村的人经常吆喝着牛群、羊群和马、骡群来放，骡、马、羊和驴，我小时候在越南没有见过，更让人惊奇的是还有来放猪的。多年以后，我和现在的年轻人提起这些事，他们总是不屑地笑我是“编故事”。

至于当时人们的衣着，多数是以花红相间和蓝灰色为主。衣着朴素，即使是半新的，也要在裤子的臀围和膝盖或衣领衣袖处外加一层布，这是时代的现象。当时，牛井县城不大，文化站旁是国营的车站和旅社。朝北是一间经营餐饮类的客栈，饮食便宜，一盘丰盛的菜才几毛钱而已。

往西数百米，就是牛井最初的集市“四方街”了，每到街日，农场人或是周边村庄的人们，总是拎着菜篮或是竹编的箩，三三两两结伴步行来到这边，赶完街后，又步行回去。

那时，那些吆喝着赶放牛羊骡马驴猪时的声音和那些“排队”领肉挑水的画面，永远温暖着我以后的岁月。

越南归侨安置在农场后，所有参加劳动的中青年和不再读书的人均划为职工编制，工龄从参加劳动之日算起。农场按全国农垦系统的农、林、牧工人等级固定发给工资，可享受病事假工资、劳保工资、生活补助等福利。劳动力按强弱分别为 14 元、18 元、21 元、24 元等级发放，不几年又按照劳动力 21.1 元评记工分，后来到 26 元，若每户平均收入不到 10 元的标准，国家给予固定补助。1986年，生活标准定为30元，中学生以上家属24元，小学生20元，家庭收入不到标准的，国家给予补助。

农场除有学校、医院外，还有拖拉机队、电影队、广播室、汽车运输队、基建队、图书阅览室、食堂、托儿所、物资保管仓库、供销社、农科站、缝纫室、理发室和宾川县设在农场的银行、邮电所等单位，均系国营的称谓。那些年，农场被场外人称为“兵强马壮的单位”。农场每个单位都有归侨工作，农场每个年代的生产发展都有归侨积极参与。

场部柳家湾，每天早上的市场，出售本场职工和周边邻村农民自产的各种蔬菜瓜果、禽蛋、猪肉、鲜鱼和风味小吃，比如越南、印度尼西亚的小吃，有的农场职工做早点、小吃，卖菜等，成了家庭的副业。

归侨比较注重子女的教育，只要有学上，大家都会让自己的孩子上学，所以，归侨适龄儿童入学率达百分之百。当时，农场有很多十七八岁的，都去华侨农场柳家湾职工子弟小学读书。年级是根据学生回国前在海外就读的年级而分的，但行不通。因为有的人根本不识中文，也听不懂普通话。所以，只能从零基础的一年级读起。那时，小学和中学有一幅令人忍俊不禁的画面就是在每个班，会看到学生比老师长得还高大，在班级或学校操场一站，显得格外参差不齐。我也是从零基础的一年级读起，那时我已经十四岁，初中毕业后，我就结束了学生时代开始在农场参加劳动。

七、祖父和他的业余扫盲学校

越南归侨到华侨农场后，绝大部分是语言不通、文字不懂，属于特殊的文盲，平时请假或签名都不会，生活极不方便。场部在几个安置点开办扫盲班，帮助青壮年和妇女学习文化和农业科技。当时八队坚持得最好，二队次之。

八队是由叶广葵担任教员，叶广葵是我的祖父，我们回国的时候祖父六十多岁了，但他爱国爱场，就毛遂自荐当教员。他的中文水平造诣很深，虽经历了侨居他国因时局变化带来的个人命运沉浮，经历了与父母和兄弟姐妹的分离，但他在回国后积极参加劳动，继续读书，我记得他的床头经常摆放着很多关于毛泽东的书，读到毛泽东诗词时，他会情不自禁地拍案称赞。他说："毛泽东太伟大了！他是中华民族最伟大的人民领袖！"

祖父用白话授课，他自编包括爱党爱国爱场的遵纪守法、文明礼仪等知识内容的课程，从一点一横一画让每个学员先会写自己的中文名字开始，他满腔热情，循循善诱，孜孜不倦，认真负责，使该队三十多位青壮年经过一个冬天的学习，识汉字达500个左右。与此同时，农场领导和中学领导也经常到他的扫盲夜校听课。

他的学员、越南归侨叶郁明就是学了文化后懂得不少道理，从而写了入党申请书。二队次之，有三十多个（多半是妇女）归侨学会了二三百字。祖父得到场部和相关部门的认可和表彰，也被写进《宾川县国营太和华侨农场场志》。

八、姐姐出嫁

姐姐从小读书刻苦努力，回国后，家中父亲失散，弟多妹小，只得辍学参加劳动，帮助母亲养育我们。细算起来，从1978年始，姐姐就结束了她人生中最美好的学生时代了。她白天劳动，晚上去祖父在队上任教的中文扫盲夜校上学。

1983年，姐姐与四队的越南归侨凌氏结婚，他们是在农场修建八队圭山水库时认识的。

姐姐出嫁前的头天，整个队里的人都来帮忙，热热闹闹、喜气洋洋的。姐姐的好姐妹和好朋友都送来结婚贺礼，比如搪瓷花纹的洗脸盆、毛巾、床单和热水壶、茶杯之类的东西。

姐姐出嫁前和祖父祖母合影（后排左二为叶成亮）

姐姐（中）出嫁

当时，越南归侨依旧沿袭着广西婚礼民俗的“哭朝”习俗。但凡女子出嫁，女方娘家在新郎迎接的前夜都会邀请亲朋好友聚会“哭朝”。“朝”是女子出嫁的时辰，“哭”是因感而哭。歌词多半是：“女儿从此要远嫁夫家了，在娘家成长时没能有好的物质条件给予女儿，有很多愧疚和不足，祝愿女儿以后幸福，要孝顺长辈。”还有另一层含义是感激双亲的养育之恩及惜别一奶同胞的弟弟妹妹们。

“哭朝”那夜的哭唱，一段段、一首首都是有感即兴的和唱。听得懂的人觉得甚是恻怀感伤，这个氛围恰如其分地映照着我的家境，父亲失散，母亲一人抚养七个子女，其中艰辛只有自己知道。

来参加婚礼的人时兴挂礼，有一元、两元的，还有三元的。

我们家回国时分了两间房子，三十多平方米，东南西北摆了四张床，母亲和七弟六妹共睡一张床，三弟四弟五弟睡一张；我和姐姐分别各睡一张床。平时，我们从小到大都是围着一张桌子吃饭的。姐姐出嫁，是她人生中最重要的日子，遗憾的是父亲不在场。当姐姐和姐夫携手在伴郎伴娘的护送下出门的那一刻，母亲强忍着泪水微笑地目送着，姐姐也频频地微笑着。望着姐姐在众人的簇拥中渐渐远去，蓦然间，我发现姐姐原本天生丽质，她长得楚楚动人！姐姐嫁到同一个农场，离我们不远，她和姐夫经常骑着自行车回来，并时常接济我们家的生活。

九、归侨文化生活

回国的越南归侨绝大多数听不懂中文，根据需要，农场邮政所为全场越南归侨免费订阅一份越文月刊《越南消息》。这是一本小册子，封面是蓝色，中央有“S”字形的越南地图图形。里面有中国人民尊敬的老朋友黄文欢的声明和文章，同时《越南消息》还连载中国的文学名著《三国演义》《水浒传》等古典文学故事，深受农场归侨的喜爱。广大归侨通过看这个杂志，了解到越南的情况，庆幸自己回到祖国。

农场的邮政所还发给归侨一本黄文欢著的《沧海一粟——黄文欢革命回忆录》越文版的书，书的封面印着书名和苍茫海景。翻开第一页是黄文欢的肖像，随后数页均是中越两国领导人合影和一些反映历史背景的照片。我至今还收藏着，早年闲暇的时候，还经常通篇阅读。

黄文欢越文版
《沧海一粟——黄文欢革命回忆录》

十、寻找父亲的历程

1978 年，越南大肆排华，致使很多家庭妻离子散，音信全无。母亲回国后独自一人带着我们兄弟姐妹 7 人，当时很多人叫我母亲改嫁，但母亲没有，一直把我们带大，现在 83 岁了，身体很好，还经常去打麻将。

我们回国登记户口花名册的时候，母亲再三要求场里备份把我失散未聚的父亲名字也登记上册，因为母亲始终深信我父亲会回到中国找我们团聚的。

母亲和姐姐白天在生产队辛勤劳动，最小的七弟和六妹，白天在队里托儿所，我和五弟、四弟、三弟、二弟陆续在农场上学。

那时，人们通信方式是发电报和书信，农场的邮政所业务繁忙，整年整月忙着订阅各类书报杂志，忙着整理农场寄往各地和来自国内各地及国外的信件。每次收或发出的信件都要在一两个月后才能收到。

获取信息则靠收听广播，收听的广播电台主要是美英或澳洲广播电台。当时，农场的归侨中只要有收音机的，晚上都会邀约几个人聚在一起收听澳洲台的新闻报道、时事评述或寻人启事等。农场的邮政所除了为归侨订阅《越南消息》外，还根据实际情况帮助在场的归侨与其他侨场的归侨联系自己的亲人。同时，农场也争取更多的联系渠道，提供美国、英国和澳洲广播电台的详细地址，让归侨可以向这些电台写信要求广播寻找亲人。

我家也同样向澳洲广播电台写信（是祖父写的），请求帮忙寻找在越南的父亲。记得有一年的秋天，母亲收到一封来自澳洲广播电台寄来的信件，母亲喜出望外，拆开一看，来信是中文繁体字手写的书信，信的内容言简意赅，语气充满遗憾和抱歉之意。大概意思是由于时间限制关系，本台已经竭尽全力，但仍然暂时无法帮我们找到我的父亲。信件还随赠一份日历，日历的纸质非常好，印有朵朵橘黄色的菊花图案，朵朵璀璨的菊花象征和寓意深远，母亲看后无限酸楚，她终于在夜晚坐在床上号啕大哭，我们兄妹挤在三十多平方米的房子，捂着被子不敢吭声，默默流泪。父亲和我们别离的情景再次浮现在眼前，在越南同登的那个寒冷早晨，父亲孤身只影朝着南方西贡去的那一刻，也许，早已注定与我们的人生分离……

我们回国过了六七年，找到了一些离乱失散的亲戚，都有了书信来往。祖父的几个亲兄弟姐妹和部分堂伯堂兄在 1975 年和 1978 年分别到了美国、英国、法国等国，极少人留在了越南芒街和西贡，还有的回国时安置到了广西、广东和福建的华侨农场。祖母、六婶、八婶、梅姑的家人已找到，在各省的华侨农场生活，有的已去了外国，母亲的兄弟姐妹也回到了中国，多数住在广西防城东兴和各个华侨农场，少部分去了国外。

这是社会动荡所致不能自已的经历，多少原本庞大的族群分崩离析、星散天涯再也看不到彼此一世欢颜，多少妻离子散天各一方也难再团聚……

祖父家共 4 人，祖父母及其最小的儿子楠和最小的女儿碧，也是我的亲叔父和姑姑。楠叔比我大两岁，碧姑则与我同龄。在越南时我们就经常在一起玩，回国后一起在柳家湾华侨子弟学校读书。平时，我总爱去祖父家找他们玩，六叔、八叔、梅姑及婶婶和母亲也经常聚在祖父的家里。

祖父经常收到秀枝伯和安姑母的来信。祖父也将我们大家回国后在农场生活的情况告知国外的亲人。安姑母是我父母当年在越南芒街时共同生活过的亲姑，祖父将我姐姐出嫁时照的全家福也寄去。身在异乡，安姑母从相片中似乎看到了亲人齐聚在一起的欢乐场景。

1986 年左右，祖父收到安姑母的来信，信中最后提到说我父亲已经找到。他在排华混乱期间，被当局以莫须有的中国特务的嫌疑而关押。释放以后寄居在亲戚家，孤苦伶仃的。安姑母在加州认识了很多来自越南西贡到美国居住的人，多数是祖父的兄弟姐妹和堂亲，他们在西贡还有亲人，安姑母也常留意我父亲的消息。得知这一切，安姑母便第一时间写信寄来中国给祖父，祖父母和叔叔姑姑们都感伤不已，母亲则悲喜交集。

收信后，在祖父给安姑母回信之际，我也写了一封信给父亲，这是我有生以来写的第一封信，是一个儿子写给父亲的信，并附上姐姐出嫁及在国内家人的照片，写的信是由祖父先寄到美国，再由美国的安姑母转寄给越南的父亲。

寄信后几个月的时间匆匆过去，依然没有任何消息，也没有任何回信。我以为是安姑母为了安慰祖父祖母和母亲的挂念而善意编的谎言。又过了很长一段时间，祖父终于收到安姑母的信，信中居然夹着父亲从越南写给我们全家的信。

祖父捧着父亲的信，有感于人世聚散，不禁老泪纵横，祖母也喜极而泣。

等我放学回家，祖父迫不及待地将父亲写给我们的信全递给了我，信一共三封，一封写给母亲，一封写给姐夫，第三封写给我。

星莲贤妻：

接读来函，感慨良多，千言万语，不知从何说起。往日情思，如今也只能回味了。但愿你健康如昔，亦可感安慰矣！自即一别，岁月屡更。家中一切，均赖贤妻一肩担承，感愧不已。恳念夫妻之情，谅我是幸！他日如能重聚，当尽厚爱报贤妻！

叹现在，两地相隔、万水千山，插翼难飞。确是“天长路远魂飞苦、梦魂不到关山难”。有谁知道我在夜抱愁眠呢？追忆以往，只有徒添惆怅。……

此际已是梅影横窗、新年即将届临。望贤妻莫为夫妻之情而牵肠挂肚，闷闷终日。须放开心怀，侍奉高堂，教育儿女、合家同度快乐新年。

以后情况，容续倾诉。

谨祝

愉快！

夫秀棠上

西历一月十五日

这是父亲写给母亲的信，写得感伤和无奈，以及对母亲的感愧……这也许就是那个动荡年代给父母带来的人生分离悲剧。

给我的信如下：

亮儿知悉：

你八月七号的来信，已经收阅。得知家中情况安好，远怀堪慰！

每念父远离乡井、匆匆八年，音讯断绝，痛苦何似！现在幸得信息流通，始解郁悒，愿你们起居常吉，为祷为颂！

流光如逝、岁月催人，不觉你们已在艰苦的环境中及慈母的庇护下成长了！而最可贵的是你们能有求学的机会。

盼望你们在求学期间而须努力上进。要知道求学如

“逆水行舟，不进则退。性情似平原驰马，易放难收”。望你谨记这句话而用功读书，待将来能有所成就，方能在社会立足。在学校要听从师长的训诲，在家中要孝敬祖父母及母亲，爱护兄弟姐妹、亲爱和睦，切记为要！

望你不要为了父爱而耿耿于怀，现在你们已拥有一份伟大的母爱！已足以令你们安稳成长，莫须忧虑。何日始能骨肉团聚，只望皇天安排。

课暇望日寄来信，毋令远盼。匆匆数行，言未尽意。

遥祝你们

学业进步、新年快乐！

西历一月十五日

这是父亲写给我的信。有生以来收到的第一封来自父亲的信，不禁让我热泪盈眶。回不去了，最初最完整天伦之乐的家真的回不去了。云山远隔、中越两国的千山万水，终是父亲和母亲望断天涯秋水，空逐细香余恨绵绵无绝期的人生悲剧。

十一、父亲四次回国，三次与我们重逢的日子

（一）父亲第一次回国

1985年约6月，安姑母夫妇从美国回国探亲。首站是云南，后到了福建姑父的父母老家。那时祖父刚瘫痪不久，祖父的养女珍和亲生女儿的家人都来这里聚集一堂，这是1978年家人分别

1985 年安姑母从美国回来时的合影

后首次重逢。这时，祖父家里可热闹了，说说笑笑，叙述着各自别后的一切。

安姑母在离别的前夕，特意要和我母亲共睡一晚，母亲和安姑母彻夜长谈。谈着当年在芒街，父亲、六叔、八叔、梅姑和她们姑嫂之间的依依往事……

在开往福建的火车卧铺里，姑父喊着安姑母“秀安”的名字时，忽然，一个陌生的中年妇女竟应声回答！原来这个中年妇女是广西人，懂得广西话。模模糊糊听到喊“秀”字辈名字时，以为是喊她。经过交谈和认识，她的名字叫秀喜，和安姑母同一字辈，她是广西博白人氏，宗族在那里，有的已到东南亚地区。于是，安姑母便和她相认为姐妹，相互留了电话号码和联系方式。秀喜此次是因公出差，是侨办的工作人员，提起侨办工作的事时，姑父和姑母便提起能否把云南的亲人都迁移到福建或两广的华侨农场生活，因为当时的云南相对来说是偏远的。秀喜回答道：“视情况而尽力。”

往后的数月，楠叔结婚成家了，与祖父母、妹同住。当时的政策允许，很多人陆续从农场迁徙其他省份或自谋职业去了。秀喜大姑从广西来云南宾川先为祖父、八叔和姑丈的亲堂伯家人办理迁移广西相关手续。1988 年，祖父家、八叔家大小共十多人包了一辆客车搬家迁往广西崇左。那时祖父瘫痪多年，由我跟随护送祖父。到了广西崇左的麻制品厂后，有很多住在各处华侨农场的亲人都来看望祖父。我也随八叔、楠叔、碧姑分别去看望他们，同时我也去各个农场或防城东兴探望母亲的兄弟姐妹们。不久，我就回云南宾川了。

当时，祖父家和八叔家在崇左麻制品厂是过渡的临时工人，过了一段时间，八叔夫妇、楠叔夫妇、碧姑入编为水泥厂的正式工人，可享受一切福利，其余入编为家属。

数月之后，六叔收到八叔的加急电报，说是祖父已去世了，于是六叔、梅姑和母亲立即赶往广西崇左奔丧，侨居美国的安姑母也回来了。

1989 年春，我去广西玩，住在祖母家。祖母家和八叔家在水泥厂的宿舍单元房，门对着门。这时的碧姑正学英语，听说安姑母要她先申请去美国。这期间，碧姑带着我去大新华侨农场的一个堂叔家玩，因为祖父的坟就在大新农场的一个小山丘上，碧姑陪着我去看祖父的坟，她平时是个热情开朗、爱说爱笑的人，在坟前，她竟沉默少语，我也默默不语。祖父当年在云南时教我珠算、针灸、武术和回国路上的点点滴滴又浮现在我脑海中。

我在崇左的所有时光，都是非常温暖的，因为楠叔、晚婶、碧姑和八叔家人都对我很好，尤其是祖母，因为我是她的长孙。就在我准备离开的时候，母亲从云南发给八叔父一份电报："亮是否还在崇左？你父亲从越南已到东兴亲人家。速去迎接。"我和八叔赶到东兴，父亲见到我们时先和八叔打招呼后，又对着我高兴地说："是阿亮呀，这么大了！你妈和你的兄弟姐妹们都好吗？"这时，我强忍着泪水微笑地点头说好。一边打量着父亲，记忆中父亲的模样已不在了，他已经老了。来到崇左，第一眼见到祖母时，"阿妈！"……父亲的泪水夺眶而出，他靠上前去一把将祖母紧紧地抱着，久久不语。祖母泪水纵横，她伸出颤巍巍的双手去抚摸着父亲的头和脸颊。

父亲在崇左的数天，有很多亲人来看望父亲，回云南时，父亲在神龛前上了几炷香，然后分别和祖母、楠叔、碧姑和八叔一一道别。

那时交通不很发达，经过一两天后才到宾川。到家时已是深夜，那时没有路灯。到处都是黑黑的，母亲开门的一瞬间，父亲对母亲说："星妹，我回来了！"母亲略迟疑，确认是父亲后便猛扑向父亲的怀里大声哭了起来！面对父亲，除我和姐姐外，三弟、四弟、五弟、六妹与七弟他们都感到陌生；与此同时，父亲也有这样的感觉。父亲仔细注视和打量着他们，当年他离开同登时，七弟才七天，现在都已长得那么高了。

得知父亲从越南回来，农场派出所的工作人员就来家里询问，当时中越两国关系还没有完全恢复，父亲是偷渡过来的，派出所将对父亲进行劝返。姐夫带着父亲和我去农场二队请他的朋友帮写申请，他的朋友当时算是越南归侨中中文较好的人。申请递呈上去后，没过几天，派出所和县外办的工作人员来说，不可以，请父亲尽快离开中国。母亲据理力争地说，我们登记户口时已登记有备份。此时的场领导也知道确有此事，还翻到原始登记的备份，但依然不行。说是时过境迁，自行离开返回，不追究任何责任。母亲急得泪汪汪的，父亲也只好沉默不语。

看到父母这样，我很着急。这时，我竟不知从哪里来的勇气，我要为父母也要为我们自己写申请，把父亲被越当局以莫须有的“中国特务”罪名而身陷囹圄、后来失散且回国时已为他做了备份登记等详细说明。申请的字里行间，从国与国之间、法律与人道主义精神方面层层递进和深入的阐述，并表达当事人强烈的要求和迫切的愿望。申请递上去后，派出所的人立即通知我要面谈。当时农场派出所所长从他办公桌抽屉拿出我写的申请，又仔细地看一遍后，问道：“这是你写的吗？”我点头。他又郑重其事，表情严肃地问：“内容是真的吗？”我点点头。一个星期过后，一个外办姓蒋的工作人员来我家（他是一位越南归侨退役军人，曾在八队住过）。他满脸笑盈盈地对父亲说：“在这里住要遵守法律。”这是再明白不过的言外之意的话了。父亲听后如释重负地笑了，连连说感谢祖国。蒋同志最后起身告别时，看着父亲又看着我说，外办的马主任请他向我捎几句话时，父亲神情又紧张起来，“你有那么好的文笔，你要多写些反映农场归侨的故事”。

接下来的日子，五弟、六妹、七弟还在读中学。父亲、母亲、三弟、四弟和我在家劳动种地。六叔和梅姑经常聚在我家，一些亲朋好友也经常来。父亲懂得中医针灸，时常为前来就诊的患者施医，父亲要求我在旁看着学，并传授相关的针灸医学知识，我一看就会，因为祖父当年教过我。父亲回国和我们团聚，亲人纷纷写信向母亲道贺，安姑母也从美国写信来道贺，父亲也写信给安姑母。这时的母亲满脸洋溢着笑容。

父亲非常关心我的婚事，说我已二十五六岁的人了，还没结婚，是大龄了。他亲自和六叔、姐夫为我提亲，料理和主持操办我的婚事。我结婚时，住在广西崇左的祖母和八叔也赶来参加我的婚礼。紧接着，父亲又为三弟主持操办婚礼。农闲时，父母和六叔经常去各个农场的亲朋好友家闲聊，父亲觉得侨场的归侨们安居乐业，深深触动着他的心。与此同时也不知是什么情况，这时场里常有人来对归侨调查问卷，一股不置可否的说法四起，说归侨可自愿返回越南，或是在越的华人也可来中国。

1991 年，当我的大女儿出生数月后的一天，母亲突然焦急地对我说:“你父亲吵着要回越南跟他的小老婆住了！……”在这一两年的时间里，我们已知道，父亲也坦言，他在越南已另有家室了，还有一男一女两个孩子。原来，父亲到南方不久被怀疑是“中国特务”而身陷囹圄，出来后全身浮肿寄居在叔伯的家里养病。父亲只好根据祖传验方而自治，整日整天地吃喝着不加油盐的豆类和独蒜煮的浆，这是常人难以忍受的。叔伯说:“如果你还想再见到你的老婆儿女的话只有坚持。”一两个月后，父亲康复。他不愿再打扰亲人，执意离开众亲人到相隔把里（约一公里）外偏僻的地方一个人生活。后多方打听，才知北方的父母兄弟姐妹和自己的妻子儿女都已离开越南了，不知去向。父亲举目无亲，在又一次贫病交加，身无分文的时候，认识了一位未婚华人汤氏的女儿，父亲在与我们相见无望的时候，和她成婚……

母亲说父亲要回越南的事，我曾单独与父亲交谈，父亲多是沉默不语，也不想解释那么多。父亲去意已决，经思考，我决定安排由母亲和姐夫一起送父亲到东兴口岸。我喊母亲他们，先到祖母家和八叔家然后再去东兴。父母和姐夫在广西崇左祖母家和八叔家住了一个多星期。祖母、八叔、楠叔和碧姑等人苦口婆心相劝父亲不要回越南了，但无济于事。

离开崇左到东兴母亲的姐姐家又住了一两天，最后，父亲和母亲、姐夫在东兴和芒街岸分手了。久别重逢，再分手时，夫妻相送。我想，这样可能是最好的道别方式。这就是我们与父亲在中国重逢后共同生活两年多的第一次离别。

（二）父亲第二次回国

父亲回去后，光阴荏苒，日月如梭。这时四弟、五弟和六妹也相继结婚成家。我们结婚后都分家自己过，从一副碗筷、一口锅开始白手起家。母亲在我们兄妹结婚时，都得到过安姑母的资助。安姑母是一个很爱家族的人，她一直希望自己的亲人都在身边，所以在她的不懈努力之下，碧姑早已出嫁到美国。楠叔家，八叔的孩子都去了美国，还有住在柳州武鸣农场琼姑的女儿也去了。安姑母的女儿尚玉还特意去探望祖母，以及回云南到我们这里也来过。所以，广西还剩下祖母和琼姑的一个女儿住着。

父亲回越南后，常写信给我。记得一次我把信念给母亲听，开始她还听着，当我念到父亲说他回越南后又生第三个儿子的时候，母亲再也抑制不住情绪，她猛地一把夺过书信，歇斯底里地将父亲的信撕得粉碎！然后捏成一团，用力抛向天空。母亲愤愤地说，既然回来了还要回去，这分明是早就打算好丢下我们。在母亲看来，父亲是个薄幸之人，辜负了她的一生。细碎的信笺碎片在空中一片片地随风飘落……

这期间，每到清明，我去给祖父扫墓。一次，楠叔从美国回来，然后带着祖母和我三人去南宁游玩。在景区休息处，祖母语重心长地对我说："你们要多关心你的母亲，也不要刻意去恨你的父亲，这是时代造成的，我们今生只有一次的一世亲情。"我听后，深深地吸了口气。在商场，我特意为祖母买了一套她喜欢的薄凉的衣服送给她。我的妻子带小女儿和母亲，姐姐、梅姑也分别两次去给祖父上坟。

母亲现在早已退休了，养老金不多，在农忙季节，母亲经常煮午饭给我们吃。每月养老金到账，她会给每家买一两斤肉。而我们兄弟各家平时有好吃的也不忘叫母亲来吃。节日就在母亲家过。

父亲经常来信，一次父亲说他想带阿姨和三个弟弟妹妹回来和我们一起住，要我去询问母亲和当地政府。母亲听后，不高兴地说："阿南公想得太好了！"

随着生活的变化，家里安装了电话。父亲在电话里说，安姑母两次去越南探望父亲，父亲取得了行医许可证，开了个中医针灸诊所，还将开业就诊时的照片连信寄给我。我的七弟经姐夫在广东的亲人带去广东打工后不久，认识了一位湖北汤氏的女子，并结婚成家了，他们做起了生意，生意做得红红火火。婚后的一年，母亲、姐姐、梅姑和我的妻子去广西为祖父扫墓时，回来前她们曾去七弟那里玩。七弟住在东莞碧湖花苑，有自己的房子，楠叔从美国回来时，七弟也曾热情接待过他。楠叔羡慕不已。

我们都在为各自的生活奔忙着。突然有一天，六叔接到八叔的电话，说祖母已不在人世了。六叔夫妇、梅姑、母亲、姐姐、三弟、六妹和我共 8 人立即启程赶往广西。当我们赶到时，正是祖母出殡的时辰。八叔、六叔、三弟和我坐在车里守着祖母，堂弟开着车，其他人坐另一辆车，紧跟着。目的地是宁明农场的一座山，宁明住着祖父母的养女家，经联系和安排，宁明的亲人会办妥一切。入殓盖棺前，八叔喊大家都来看祖母最后一眼。当祖母下葬的那一刻，我感慨万千，思绪纷纭。我突然想起数年前父亲从越南回到广西时紧紧拥抱着祖母失声喊着“阿妈”的情景。于是，我毫不犹豫地掏出手机拨通了父亲家里的电话，告诉父亲祖母已不在人世了，楠叔、碧姑正从美国赶回来。现在大家正在为祖母下葬。电话那头的父亲先是静默片刻，然后“哇……”地哭了起来。祖母下葬之后，就等楠叔、碧姑从美国回来办“打斋”仪式。“打斋”在“头七”、“二七”或是“三七”的期限内均可。“头七”已过去了好几天未见楠叔、碧姑回来，我们从云南来的所有人都有点着急了，因为家里也很忙，农作生产要管。

一天中午，我们大家正在吃饭时，我的手机突然响起。是越南打来的，我用越语问是哪里，对方说是芒街打来的，说是我父亲找我……父亲说，他到越南芒街亲戚家里，明天就要过境中国东兴，要我马上去东兴接他！这时八婶笑眯眯地对母亲说："秀棠三哥又回来了。……"母亲什么话也不说。

当天中午，我和三弟二人搭车到东兴口岸，这时天色已晚，我们找了间旅社住下来。第二天我和三弟终于见到了父亲，他的身旁还站着一男一女两个小孩，女孩十三四岁，男孩八九岁，衣着朴素。父亲说这是云妹和初弟。父亲叫他们分别喊我和三弟的名字。这就是我们同父异母的弟弟妹妹，我们之间是第一次见面，都感到陌生和些许的隔阂。

客车行驶到中途上思站时，我问父亲他们要吃粥吗。父亲说："好的，吃。"我去买了几个罐装的八宝粥。到家见过面后，八叔、六叔和梅姑都非常高兴。父亲和母亲打招呼时，母亲有点爱搭不理的，姐姐和六妹见着同父异母的云妹和初弟时，只是淡淡地应着，父亲有点不悦。父亲非常关心呵护他们，这很正常。母亲、姐姐和六妹是有点失宠的情绪的，这也很正常。

到了晚上吃饭喝酒的时候，父亲说等祖母的事过后，要带着同父异母的两个弟弟妹妹和我们一起回云南住，母亲说这是不可能的事，父亲生气极了，我晓之以理地说政策真的不允许，父亲听后怅然若失，但仍然生气。六叔正喝着酒，见状，有意站在父亲的一边，母亲更加生气了，对六叔说带去你家吧！……这时，六叔酒劲上头，随口就说，这也不行那也不行，那么你们明天就回云南吧！六叔的这番话，母亲和我们兄弟姐妹听了都很不是滋味。我们决定先行回云南。我对八叔说，父母之间的事作为子女的我们很难抉择，请照顾好我的父亲。八叔不语。当我们拎着行李走下楼梯的那一刻，我多么希望父亲或者其他人能拦着我们，或者喊我们一声，也许，母亲和我们都会停下，然而没有；也许父亲和叔父他们料定母亲和我们都会折返，所以没有劝阻，然而都没有……原先，父亲说要带阿姨和弟弟妹妹回中国住的愿望，包括当初父亲在云南和我们一起生活了两年多的时间，还坚持要回去的原因竟是这样的。因为父亲还是觉得祖国好。

就这样，母亲和我们与父亲在中国的第二次重逢后又别离了。而这次相逢又别离是不欢而散的。没有错也没有对。我的同父异母的弟弟妹妹和我们的相遇，也许，在彼此的心里都已留下刻骨铭心的人生初见的印痕。我真诚地希望日后我们都能释怀并淡忘这一切，因为，我们彼此都是无辜的。

（三）父亲第三次回国

我们回云南没过多少天，楠叔、碧姑终于赶回到广西崇左，祖母的丧事办完后，楠叔和碧姑回美国，父亲和我同父异母的弟弟妹妹一起回越南去了，六叔夫妇和梅姑也回来了。听梅姑说，我们走之后，楠叔和碧姑都很难过。几年之后，父亲和云妹来到崇左八叔家，又喊我去接他们。母亲知道父亲和妹妹要来，她生气地唠叨着。我和三弟商量，由三弟去广西接父亲和云妹。在弟弟启程去广西的同时，父亲打电话来说，喊我寄点钱给他，他要买点东西去祖父母的坟上祭拜，我立即打钱给琼姑的女儿李妹，叫她拿给我的父亲。三弟一到了广西崇左八叔家见到父亲和云妹时就打电话给我，说父亲和云妹来不了云南了。因为父亲和云妹的手续是临时入境，还有三四天就过期了。

听到这时，母亲的话少多了，她的眼睛流露出很失落的样子。我打电话给兄弟姐妹们说明父亲和云妹来不了云南，请他们尽一份为人子的孝心。我们兄弟姐妹个个都拿出一些钱，最后母亲也给了，而且给的也是最多，说是给云妹和她的哥弟的。我把钱又打给李妹，请她帮忙拿给父亲。三弟说，当云妹拿到钱时，她高兴极了，她没想到母亲会给她和她哥弟钱。可是，父亲一点也高兴不起来，看着很感伤的样子。过了一两天，父亲和云妹回越南去了。这就是父亲第三次回来，父亲一直想一家人团聚，所以，一直在锲而不舍地来来回回的路上……

（四）父亲第四次回国

父亲回越南后，八叔八婶和琼姑夫妇也去了美国跟他们的子女住。光阴如白驹过隙。

此后和碧姑一别，竟又是二十多年的时间，大家都已是中年人了，碧姑说她有一男一女两个孩子。我向她表达谢意，说自己的一个女儿大学毕业，一个还在上学。她只是微笑，碧姑说，三十年前离开农场，这次回来感觉农场和宾川县城变化太大太好了！简直不敢相信自己的眼睛！碧姑她们回来，母亲、六叔和梅姑她们都开心极了。我们这里所有的亲人都轮流煮饭招待，欢聚一堂。

碧姑即将回美国时，我特意去玉器店买了些玉器分别赠送给她们作为纪念。

碧姑回去后几天，楠叔和他的朋友也从美国回来了。楠叔离开时，我买了数份大栗树绿茶赠送给他们。有一份我特意嘱托楠叔回到美国后，一定要亲自送给安姑母。我把楠叔、碧姑、琼姑等人从美国来云南看望六叔、母亲和我们的情况告诉父亲，父亲听后欣慰地说："好。"父亲说，我在越南的三个弟弟妹妹都已结婚成家了。现在，他很想回中国再看看母亲和我们以及孙男孙女。我说回来吧，要办好护照。

没过多久，大概是九月，父亲一个人从越南来到广西崇左，住在原祖母家里。父亲打电话让我去接他，我安排三弟去接。三弟到后，见了父亲，打电话给我说第二天的车票已买好。这时，我突然想到父亲千里迢迢来一趟不容易，七弟夫妇在广州，我的大女儿、三弟、四弟和六妹的大儿子都在七弟的公司上班，都叫他们回云南见父亲一面是不可能的事。我临时起意打电话给弟弟，把父亲车票退了，先去广州。到了广州，七弟开着车带着我女儿、三弟、四弟和六妹的儿子来车站迎接父亲。那么多年过去了，父亲见到七弟和自己的孙男孙女们个个都是仪表堂堂、亭亭玉立，不禁感慨万千、悲喜交集。由于时间紧，七弟只带着父亲和三弟自驾在广州和深圳逛一圈，深圳和广州大都市的繁华让父亲惊叹和羡慕不已。我打电话给女儿叫她不要忘了给爷爷红包。当三弟去接父亲时，母亲又开始唠叨了，说是早年丢下我们，三番五次的。七弟打电话说开车带着父亲和三弟到处转时，母亲更生气了，我解释说是我的主意。母亲说不准带去她的家，我故意说他是您的老公，母亲说是别人的老公……

父母都已是古稀之年的人了，为了缓和尴尬气氛，三弟和父亲从广州回到宾川时径直去三弟家，三弟媳妇因工作忙不在，我赶紧带父亲和三弟去我家里吃饭，父亲也拿了几件干净的衣服过来洗澡。父亲问我母亲呢，我说她去姐姐家了，她有点不高兴。父亲说不怪她，你们也不要怪她。吃好饭后，父亲说他要去六叔家看看六叔。第二天，姐夫、姐姐、六妹、五弟都来看父亲，大家都好语相劝母亲。

我和妻子商量，要喊所有的兄弟姐妹、六叔和梅姑亲堂来我家吃饭。大概有七八桌，都是家里人。我特意安排父母、六叔、六婶、梅姑，姐夫、姐姐和弟弟妹妹们共坐一桌。接下来，三弟、四弟、五弟和六妹也分别在家设宴邀请大家欢聚。在丽江读大学的小女儿也请假回来见了她的爷爷，我对父亲说，这是我的小女儿，正读着大学，今年是第四年了。父亲欣慰地笑了，他说，你们回到中国都能有书读，而且你们的孩子都读上大学了，太好了！我和妻女分别与父亲照了很多的相片，一两天后，女儿返回丽江读书去了。

父亲戴着一顶深黑色的鸭舌帽，摘下帽子时满头是稀疏的花白头发，他的脸略浮肿，走路已不像以前那样矫健了。父亲从行李箱里拿出一幅已用镜框镶嵌好的他和母亲的合照，摆放在母亲的床头柜上。

父母第一张合照

父亲和母亲的合影是经过合成处理的，相片是母亲在姐姐出嫁时照的，是我原先寄给父亲的。母亲眼睛微肿，是“哭朝”所致。父亲则阳刚帅气，父亲和母亲两个人在不同时期和不同年龄段的精神面貌的相片合成在一起，显得格外不协调。但我明白父亲的用意，这可能是留给我们兄弟姐妹最珍贵的人生纪念。父亲将他行医心得的笔记和一些临床验证的药方拿给我，并将针灸的要义再次解析给我听。

另外，父亲还将立神龛用的文字和叶家每代循环往复用的字排和他编写的家谱一并给我。与此同时，我同父异母的弟弟妹妹也从越南打电话给我，寻问父亲的情况，我把手机递给父亲，只听见父亲说，过几天就回越南。这时母亲也凑过来，父亲将手机给母亲，母亲很激动地分别和云妹初弟通电话，问这问那，当听到他们喊着“大妈！”的时候，她高兴极了。当云妹问母亲是否和她的妈妈通话时，母亲说好吧。只听母亲说：“小妹！”对方喊了声：“大姐！”母亲兴奋地与素未谋面

父亲（左）在越南开的诊所

的越南阿姨滔滔不绝地交谈起来。接着一两天，母亲又打电话给阿姨，她们都在寻找着共同的话题，谈父亲脾气不好，嫁给父亲时一无所有的苦……

我真希望母亲和阿姨在倾心相谈中能消弭各自的心结而一笑泯恩怨。因为她们都是不幸的。除母亲外，我都给兄弟姐妹们打电话说父亲就要回越南了，大家要尽一点心意，兄弟姐妹们纷纷响应。母亲说她不给父亲钱，而是给越南三个弟弟妹妹和阿姨，拿钱时“警告”父亲要分给她们。

这次父亲回越南，我还是刻意安排母亲和姐夫相送。记得父亲就要离开我们回越南的前一天，我的心情难以言状，如果父亲执意不回越南的话，我想也没多大的问题，况且已是古稀之人了。我忙询问母亲的意见，母亲立刻说不行，你父亲

父母最后一张合照

怎么舍得“细婆”（小老婆）呢？我小心翼翼地询问父亲，说母亲要父亲留下来。父亲沉思片刻叹了口气说，这次回来能见到你母亲和你们，还有孙男孙女，我很满足了，下次再说吧。这一刻，一种前所未有的情感涌上心头！那样的失落、那样的无奈和遗憾。第二天清晨，在车站的月台，父亲和母亲坐在车头的前排，姐夫坐在后排。我和姐姐及妻子站在车头的对面，透过挡风玻璃，父亲和我们的距离近在咫尺。

当客车启动快要离站的时候，我清楚地看到父亲突然欠起身来，他泪流满面频频地向着我们挥手。这一刻，我的眼泪禁不住夺眶而出。因为我知道，人生没有那么多的来日方长……

一个星期后，父亲和弟弟妹妹们分别打电话给我说已平安到达越南，感谢姐哥们的心意，母亲也分别和她们说话。当听到“谢谢大妈！……”“谢谢大姐！”时，母亲心满意足地对阿姨说：“下次你喊阿南公带你一起来中国，我带你去玩，教你打麻将！”对方激动不已，连说道：“好啊！好啊！”

这就是父亲四次回国和三次与我们重逢的日子。在中越这条来来回回的路上，父亲与我们一直经历着悲欢离合人聚又人散的人生时光。一年后，我大女儿将要结婚时，我打电话给父亲叫他回来参加我女儿的婚礼，父亲说不回了。在女儿结婚的当天，楠叔的妻子晚婶和安姑母从美国打来视频道贺。安姑母问我母亲身体好吗。我说好，还天天去打麻将玩。我向安姑母表示谢意，感谢她曾经帮助过我们所有亲人的一切，安姑母摇摇手微笑地说不提了，过去了。最后，安姑母说，那么多侄男侄女只有我记得给她送东西，太难得了，茶真的很好喝。上次见面到这次与安姑母视频见面，一晃又是三十多年的时间过去了。

又一年后，和父亲打电话时，父亲的声音低低的柔柔的：“喂，是阿亮吗？你妈好吗！你们兄弟姐妹都好吧！……”父亲说他身体日渐不好，住了一次医院。我安慰父亲说要保重，我们父子会再次见面的，父亲说好。

我私下打电话给云妹，云妹说父亲全身浮肿，吐了很多血。我告诉母亲，母亲说当年在同登飞机轰炸时，父亲背着受伤的堂弟在过木桥时脚踩空，整个人悬卡在木桥的缝隙处，造成胸部受伤，那时就有了病根了，加上之前被说是“中国特务”时被打得更惨。生活条件又不好，又没有工资，所以，病根加重。听着母亲的叙述，我越发难过。我和妻女准备办理护照去越南看望父亲。我默默祈祷着父亲平安无事和健康长寿，期盼在不久的一天，我带着妻女去看看父亲和我同父异母的弟弟妹妹们，也去同登，去看看我的胞衣之地。

几个月过后，六七月份，宾川葡萄大卖的季节里，云妹突然打电话来说我们的父亲永远地离开我们了！我听了心里“咯噔”一下，脑子一片空白……

母亲知道父亲去世的那刻，她默默无语，满脸的哀伤和失落。再次和云妹通话时，我说：“你们要办好父亲的后事，我们兄弟姐妹马上汇钱给你们。”我和姐夫赶到下关的中国人民银行，原先父亲给的账号用不上。我立即联系美国的碧姑，请她无论如何都要帮我们兄弟姐妹将凑集的钱悉数汇给阿云，其他以后再说。半天的时间过后，云妹来电说，已分别收到我们和碧姑汇来的钱。

当父亲入土为安之际，我声泪俱下地在电话中对云妹说务必替我们点上七炷香和捧上七抔土，以慰我们关山万里之遥的祭奠。因为在中国云南，父亲还有七个子女。在越南同登那次的离开，母亲已不能和父亲生而同衾了，关山万里从此陌路离殇，父亲和母亲此生永别了！再也不会辗转相见了……又一年过后，安姑母和六叔也相继过世了。祖父、祖母、父亲、安姑母和六叔都先后离开了这充满温情和无限眷恋的人世间。

父亲与我的第一张也是最后一张合照

十二、迎侨堂

迎侨堂是1961年3月经中侨委专项资金支持，为迎接首批印度尼西亚归侨回国而建的综合性活动场所。建筑采用的是苏联和印度尼西亚的建筑风格相结合的方式，其主体工程于1963年7月完成，是宾川县和国营太和华侨农场最耀眼的标志性建筑，功能也最齐全。它历经60多年短暂而漫长的岁月，见证了祖国在国际国内特殊历史时期迎接安置不同阶段、不同国家的归侨和农场变迁的过程。

当时的迎侨堂是国营太和华侨农场的文化活动中心，是华侨农场党代会、职代会、电影院、图书馆和阅览室，广播站和文艺演出活动抑或是大中小庆典仪式的场所。

我记得当时迎侨堂前灯光篮球场入口的路边，矗立着三块高矮宽窄、错落有致的永久性水泥黑板，两块书写着不同的宣传标语或是黑板报类的文章。最大最高是在路口入口处的那块，用金黄色的油墨书写着醒目的大字——伟大祖国是海外侨胞最有力的靠山，这个标语写得非常好，这也是我作为一个归侨的心声，我们都庆幸生活在伟大祖国的怀抱。

迎侨堂曾一度成为危房。后经多方努力，争取到资金完成修缮，2020 年成为大理州第七批文物保护单位。更难能可贵的是，据说这座迎侨堂是全国现今唯一一座迎侨堂。

时光如逝，六十多年过去了。回看迎侨堂，确是一座凝聚厚重历史和时代印记的建筑，给人一种物是人非和世事沧桑的时代感。

多年后，我经常看到很多国外或中国港澳地区回来的人，千里迢迢回到农场，他们或三三两两，或集体游走穿梭于现在农场的各个生产队，对现在还保留的低矮斑驳墙壁的土基平瓦房赞不绝口；有的在寂静的迎侨堂前驻足、合影留念，或徘徊寻觅……他们在离开迎侨堂的一刹那，一步三回首，总是依依惜别，不忍离去。无论是一直生活在侨场的我，还是已离开侨场多年到国内外天涯海角的人们，迎侨堂都是他们心中最温柔的眷恋。

十三、访谈后记

二十多年前，我去农场场部办事，因去得早，就在场部随便走走，看到场部办公室墙角一隅里堆满了废弃如山的各种书籍。这些散乱的书籍任凭日晒雨淋，应该是还没来得及处理卖掉的废品。我伫立良久，在环顾一瞥间发现一本《宾川县国营太和华侨农场场志（1958—1990）》（以下简称《农场志》），书面泛黄，四角有点残缺和破旧，我俯身拾起。我生性喜欢读书，也因为回国后，和大多数青年人在恢复高考后为了追回被蹉跎的岁月而努力读书求索的年代密不可分，看书成为我生活的一部分。

我当时就读了这本《农场志》。二十多年后，我又从老屋的书柜翻出此书，书中的人和事与当时实际有所出入。农场不大，编撰文稿的相关前辈我都认识，有的是同一个队的，有的是农场领导，有的是我的老师和学校校长。如今，他们中有的已经离世。我的爷爷叶广葵在《农场志》“职工教育”章节中就有提到。

农场的历史成因和历史沿革，是特殊历史背景下的产物，无论是农场初建期间安置的下放干部，还是“上山下乡”的知青，抑或是颠沛流离回国安置的归侨，他们始终和祖国同呼吸共命运，挥洒汗水建设农场、建设自己的家园。他们的人生悲欢和奋斗事迹，是值得肯定和记录的。

我从小喜欢看书，喜欢文学。看到优美的文章要抄录下来，再默写。回国上学期间，我读书很刻苦，我和弟弟靠捡鸡毛换到的钱买了《文学描写词典》，我经常看这本书，到初二尝试写小说，写诗歌。当时的语文老师很喜欢我。她的离世对我的打击很大，她曾经叫我去读函授。她给我看过很多文学理论方面的书，并鼓励和引导我要多涉猎其他领域学科的知识。她是诗人，每次出版新书的时候，总会题词赠送给我，如《中华新世纪精短诗文选萃》《中华诗词家名典》等。闲暇时，我会把我写的文稿拿给她看。一次，她对我说："成亮，可以动笔试着写些东西了。"然而，生命无常，我正为生活奔忙的时候，她已去世了。

早年间，《宾川日报》社成立。创刊之初，我发表过一篇《敞开的心灵》的抒情散文。我写过的小文章投给县广播站，均被采用。那时，农场有广播，我的文章经常从农场广播里听到。因此，我还曾经做过"文学梦"。后来，因为家庭困难，初中毕业后就回家种地了。我种过苞谷、玫瑰茄、香料、水稻、花生、烤烟、甘蔗、柑橘。

一路走来，正因为生活有梦（文学梦），即使再苦，我的内心世界总是色彩缤纷的，看世间也总是无限美好的！

我 1990 年结婚成家，育有两个女儿，都是大学生，我经常教育她们要自强，要不卑不亢，要自尊自爱，要有礼有节，她们也一直谨记着，这让我很自豪。前些年，供女儿上大学还是挺难的，我们向农场反映过困难，农场给我家增加了一个低保的名额，困难激励着我和爱人更加努力种田种地。到了 2019 年，我申请了土地，盖起了现在的楼房。

我现在种了约 9 亩葡萄，每年六七月份基本结束葡萄采摘，我们又在地里套种姜柄瓜（一种南瓜名称），每天会有蔬菜批发商直接来收。

以前觉得当农民不好，很辛苦。我现在觉得当农民是最好的工作，有田有地是最好的，我可以自己支配时间，过的是一种慢生活，多看一点书，或是和爱人去旅游，去看看祖国的大好山河，很满足了。

2021 年春节，母亲与我们兄妹的合影（右三为叶成亮）

一世侨缘

罗志华

罗志华

被访谈者简介：罗志华，男，祖籍广东恩平，1965 年 8 月出生，父母于 1960 年 10 月 19 日离开印度尼西亚随爷爷奶奶回国，后被安置在云南省大理州宾川县国营太和华侨农场。罗志华先后在太和华侨农场、彩凤华侨农场工作，现在宾川县金牛镇政协办公室工作，任宾川县金牛镇政协专干、宾川县归国华侨联合会副主席、金牛镇归国华侨联合会主席。

访 谈 地 点：大理州宾川县金牛镇政协办公室

访 谈 时 间：2021 年 11 月 30 日

访谈和整理：毕娇娇

我的母亲于1935年6月6日出生在印度尼西亚苏拉威西岛（当年华侨又称为锡江市），祖籍广东省开平县（现开平市）沙岗乡，1946年至1951年在锡江市的一个华文学校国语班读书

罗志华父母1955年印度尼西亚结婚照，两侧为罗志华爷爷奶奶

到小学六年级，1952年至1955年在家缝纫做衣服，1956年与父亲罗荣照结婚。小时候听母亲提起关于祖辈当年从家乡漂洋过海到印度尼西亚的苏拉威西岛的事。从祖辈算起到我们这一代算是第六代人了，有近一百年的居住史。很早以前，祖辈们从老家广东省开平县出发，通过卖苦力，漂洋过海到了印度尼西亚的苏拉威西岛，一家人起早贪黑地忙着养家糊口，在那里扎下了根。母亲和父亲结婚后，勤俭持家，生活还算殷实。

20世纪50年代末，印度尼西亚政府颁布了《10号法令》。法令限制华侨的商业活动，禁止开办华文学校等。此次排华运

罗志华父母1960年回国时的照片

动激发了华侨深厚的民族感情，纷纷要求回国。1960 年 2 月，中华人民共和国国务院发布了《关于接待和安置归国华侨的指示》，要求各地根据国家的需要和个人的志愿，妥善安排归国华侨的工作。对归国华侨带回的一切行李、物品一律免收关税，其带回的一切财产，永远归个人所有。

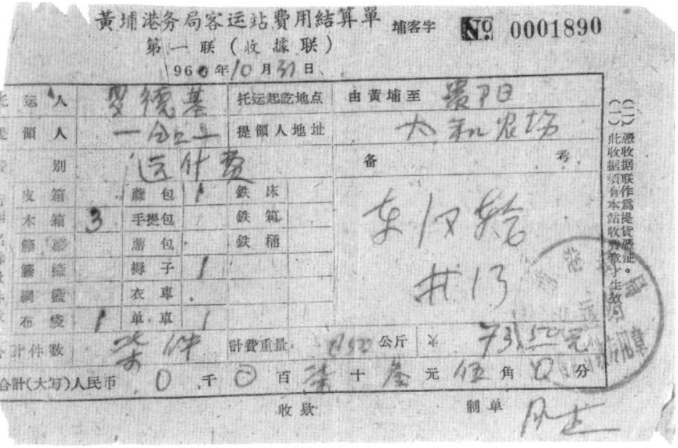
黄埔港务局客运站費用結算單 埔客字 No 0001890
第一联（收據联）
196 年10月31日

托运人		托运起訖地点	由黄埔至		
提領人		提領人地址	太和农场		
貨別	运什费		备考		
行李名称及件数 皮箱		蔴包	1	鉄床	东汉轮
木箱	3	手提包		鉄箱	
籐篋		蓆包		鉄桶	
籐籃		褥子	1		
網籃		衣車			
布袋	1	单車	1		
合計件数		計費重量	公斤	¥	
合計(大写)人民币	0 千 0 百	十	元	角	分

收款　　制单

此收據联作為提貨憑证，須有本站收費章才生效

罗志华父亲的回国物资托运单

1960 年 10 月 19 日，父母、爷爷、奶奶和 600 多名归侨一起乘坐“东汉轮”号轮船从印度尼西亚望加锡码头出发，载着一代又一代海外游子回家的梦想，踏上回国的路程。经过 7 天 7 夜，10 月 25 日抵达广州黄埔港，父母在广州华侨接待所住了一段时间，根据中华人民共和国华侨事务委员会的安置，一家人被安置在云南。

云南省侨务办公室派人到广州接侨，经过辗转奔波，1960 年 11 月 8 日，爷爷奶奶和父母到达安置点云南省大理州宾川县国营太和华侨农场，从此扎根云南。父母在宾川度过了他们的后半生。

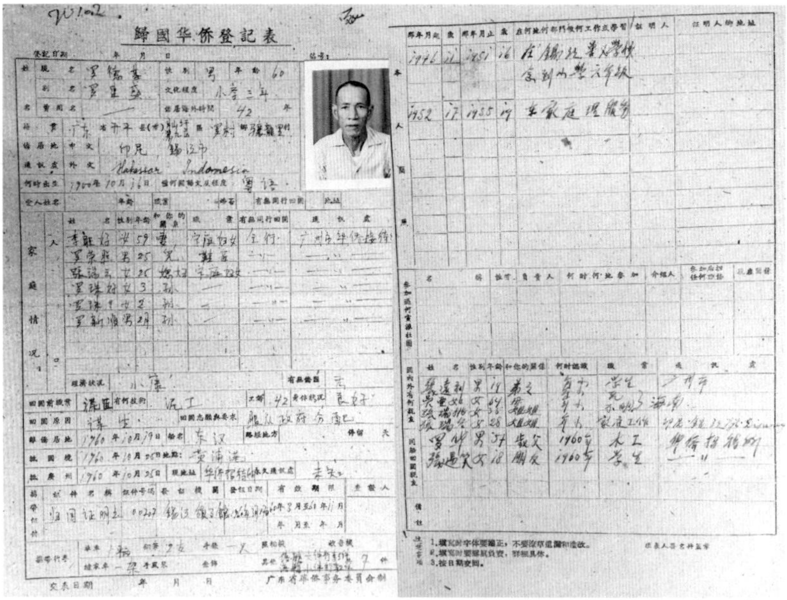

歸國华侨登記表

广东省华侨事务委員会制

罗志华父亲的归侨证

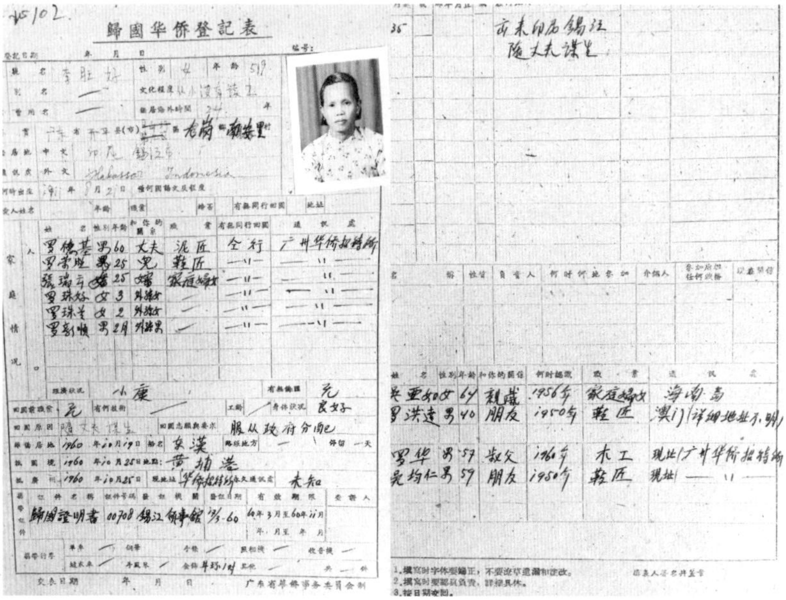

歸國华侨登記表

广东省华侨事务委員会制

罗志华母亲的归侨证

那个年代正值国家困难时期，生活十分困难，加之归侨回国后由于与当地人有文化、语言隔阂，甚至生活习惯都不一样。所以，回国初期，华侨结婚基本上都是找华侨。早期华侨农场作为直属国务院侨办的国营农场，拥有土地的经营权，虽然务农，但属于国家职工，拿工资，享受医疗、教育等福利保障。因此，土地是归侨的根，而农场作为特定历史时期的一种社会经济发展制度与归侨是密不可分的。

父母回国后以满腔的爱国热情积极投身到新中国的建设中，工作勤勤恳恳、任劳任怨，这些都深深地影响着我，成为我工作和生活中动力的源泉。我 1965 年 8 月出生，有 5 个姐姐。小时候，听母亲说得最多的话就是，她这一辈子没有做出惊天动地的事，也没有什么财产，唯一的财产就是有 6 个孩子，她一定要把她的孩子培养成对社会有用的人。在我们上学读书期间，母亲对我们要求都很严格，通过努力，大姐和二姐有了自己的事业，这也是让母亲最欣慰的事。我记得母亲最爱唱的一首歌叫《海外孤儿有了娘》，歌词是这样的："红太阳升东方，海外的孤儿有了娘，伟大的祖国繁荣富强，海外侨胞喜洋洋、喜呀么喜洋洋……"

1985 年高中毕业后，在母亲的一再坚持下，我应征入伍，在中国人民武装警察部队大理支队服兵役，被分配在武警大理支队一中队。

1987 年 11 月，我在部队加入了中国共产党。1989 年退伍，回到国营太和华侨农场，组织安排我在派出所工作，先后任指导员、副所长、所长；1998 年 6 月，调任太和华侨农场副场长；1999 年 9 月到 2006 年 2 月，任太和华侨农场党委副书记兼任纪委书记。

罗志华（前右二）光荣入伍（前右一为罗志华的母亲）

一、太和华侨农场

（一）生产

国营太和农场始建于 1958 年 1 月 28 日，作为错划错处人员、南下军转干部、下放干部的安置地。1960 年 11 月至 1965 年 7 月，先后接收安置印度尼西亚、印度、缅甸、马来西亚、新加坡、柬埔寨、泰国共七个国家的归侨，1960 年 10 月改名为国营太和华侨农场。

农场一景

太和华侨农场在云南大理州宾川县县城东南部牛井坝子边缘，干旱缺水。为了发展生产，从建场开始，农场一直把兴修水利作为建设农场的重要举措。20世纪60年代，兴修水利一直是农场生产建设的一件大事，到了70年代中期，开始打机井，全场先后打了四十多眼机井，只有三分之二的机井有水，但可以用一些周边海稍、大银甸水库的水，在正常年景下农场生产的粮食是够吃的；在经营管理上，由于水利条件逐年好转，改田改地一年比一年有成效，农业科技普及程度一年比一年高，作物种植也从单一经营向多种经营过渡。尤其是80年代开始，国家实行家庭联产承包责任制，调动了职工积极性，生产一年比一年好，经济收入一年比一年增多，群众生活一年比一年好。

农场打井

1978年，按照上级部门安排，农场派出杨圭带领工作组到边境接侨。5月，大批越南难侨陆续到场。由于时间紧、任务重、工作量大，住房一时难以建成，一些老归侨、国内职工腾出住房到临时工棚暂住，把自己的住房让出来给归侨住。十二队职工为让归侨回国后有安身之所，连夜搬迁，一个晚上就架起长达一公里的电灯线照明，还有数量相当大的生活用品，商店一时供应不上，大理州、宾川县紧急动员，把招待所的新被褥、暖水壶都搬来做接待用。农场职工把每一间接待归侨的住房都打扫得干干净净，多数归侨进入农场后都十分感动，感谢政府无微不至的关怀。农场先后安置越南归侨1720人，整个农场人口增加到4000余人，农场筹集资金90多万元，建盖职工住房、学校、医院；1979年2月，在我国对越自卫反击战中，农场先后送了300多名归侨参战，当作战翻译。

按照国家规定，接待归侨安置费平均每人1600元；归侨到农场后，劳力按照21.1元评工记分，不久又改为26元，若平均收入达不到10元标准，给予固定补助，生活费最低标准定为12元。1986年，劳动力生活费标准定为30元，中学生以上家属24元，小学生20元。归侨到达农场后，适龄儿童全部安排入学，农场安置点还办了扫盲班，帮助青壮年学文化、学农业科技。但是，仍有一部分归侨由于生活不习惯等原因，不安心在农场，到中国香港或外地投亲靠友，现在农场归侨与美国、英国、加拿大、瑞典、德国等二十多个国家和地区有联系。这也是华侨农场的一个特点。

农场以农业生产为主，回国的归侨中，很大一部分在国外是没有从事过农业生产的，农场就根据每家每个归侨的特点安排工作，大部分归侨安排在农业生产第一线，少数有专长的安排在专业岗位，发挥一技之长，培养归侨在生产经营中自我发展、自我积累的能力。到80年代末，归侨遍布农场党政机关、人民团体、文教卫生等各个部门及公交基建、商业、银行等各个行业，有的担任农场领导，有的调到省城昆明。在农场生活、生产期间，归侨们有一颗爱国之心，克服了许多难以想象的困难，许多人成了生产能手。

1982年，农场从广东引进甜叶菊进行试种。1983年5月，牛井华侨商店开始兴建，农场由王文璐主持，实验用甜叶菊提炼糖并获得成功。10月，大理州农科所在农场实验的甜叶菊含糖率达11%以上，获得省科技先进集体称号和国务院侨办技术论文鼓励奖，产品出口日本。1984年4月，农场贯彻经济体制改革，实行家庭联产承包责任制，工资脱钩，借生产垫本。1985年，太和华侨农场农工商综合服务公司成立并挂牌营业。同年，由中国港澳地区组成8人代表团到农场参观，农场被省侨办评为“增百致富”先进集体。

1985年12月，中共中央、国务院作出《关于国营华侨农场经济体制改革的决定》后，省侨办到农场搞经济体制改革试点，完善家庭联产承包责任制，调整产业结构，扩大生产经营者的自主权。同时，发展多种形式的经济组织，广开生产门路。1986年9月，农场产生第一批家庭农场，有一批职工成为“离土不离场”的个体户，好多在牛井街上做商业或饮食业。农场兴建的第一批13户家庭农场中有5户是归侨，修配厂、汽车队、基建队、商店都有很多归侨，印度尼西亚归侨的技工、印度归侨的木工都很出名，商店工作的归侨都彬彬有礼，站柜台十几年从不会和顾客红脸，好些归侨都被评为先进工作者，创造了农场的“第一个”，比如：第一个搞承包，工资脱钩，到牛井摆摊设点的是越南归侨高春福；第一个响应“离土不离场”到下关开木工家具厂的是印度尼西亚归侨谢权洋；第一个自己出钱，奖励考上大中专的农场学生并坚持了两年（1985年、1986年）的是印度尼西亚归侨钟水孟。

为了适应农业经济改革的深入推进，农场的基层组织也进行了改革。1986年中期，原来的15个生产队改建为5个经济区，即柳家湾、马围、龙竹棵、水井和东风经济区，作为农场的派出机构，为职工服务，代收“三费”，即农业税、企业管理费和福利费，工资由场部核发。1989年，宾川三个华侨农场移交宾川县政府。

太和华侨农场土地平坦肥沃，光照充足，1994年4月引洱入宾工程竣工后，农场灌溉更为便利，农场从此走上良性发展的道路。农场按照“打基础、靠科学、强扶持、调结构、树品牌、拓市场、活营销、增效益”的发展思路调整产业结构，发展优质柑橘3800亩，优质葡萄2000亩，冬枣500亩，成为宾川县农业产业结构调整的排头兵和绿色产业示范基地；推行无公害示范种植，以红提为主的欧亚品种葡萄，通过了商标注册和国家无公害食品认证，并取得“兴侨”牌商标许可。全场成立水果协会，建有自己的农业网站，实现了传统农业向现代化农业的根本性转变。同时，农场积极整合资源，充分发挥独特的热区、侨乡和城区优势，实施可持续发展战略，兴建了华侨家具市场、金牛建材市场和柳家湾农林产品综合交易市场，并结合县城建设，开发房地产业，实现了农场增效、场员增收。

省侨办从1986年至1990年（“七五”期间）采取财务包干办法，每年补贴农场75万元，结余留农场使用，超亏不补。这个办法的实施，既调动了职工生产积极性，也调动了干部开展增产节约、增收节支的积极性。1990年，农场对“三费”做了一些调整，福利费为110元、土地费共30元、义务工每亩4元。每亩缴合同粮25公斤，口粮田仍然保持每人0.5亩，不缴纳土地费和管理费。这一时期，宾川县委县政府实施“四一、二七”，农场结合这个工程对农作物结构相应进行调整。“四一”是每年种植一万亩甘蔗、一万亩香叶、一万亩蓝桉、一万亩橘果；“二七”是七万亩小麦、七万亩蚕豆。

2002年，农场实现社会总产值达2062.8万元，人均纯收入达2537元，场财务收入达230万元。由于农场地处县城边缘，交通方便，投资环境良好，有较高的开发价值，在国家实行市场经济的初期，有27家个体经济实体落户农场，实现了优势互补、共同发展。

（二）农场侨联

1980年12月3日至5日，农场召开首次归侨侨眷代表大会，成立太和华侨农场侨联小组，归侨、侨眷共127人出席会议，组长为刘克显老场长。侨联小组后来改为太和华侨农场归国华侨联合会。刘克显是1978年从越南回国的，当时安置在中学部，先后担任教导主任、副校长、校长、支部书记，多次获先进教师、先进侨务工作者等。农场侨联成立的主要任务是：平反冤假错案，落实侨务政策，对1000多人的档案进行清理，清理历史遗留材料；调查了解归侨基本情况和国外亲属情况，接待来农场探亲的海外侨胞和港澳同胞，办了一份《侨联简报》，共出了23期便停刊，到1990年侨联第三届委员会成立后才恢复出版。

农场召开首届归侨侨眷代表大会

1982年，农场侨联被评为云南省和全国侨务工作先进集体。1981年到1990年，农场先后有25名归侨到省里参加国庆观礼。1986年，农场侨联开始尝试举办各种联谊活动，比如中秋赏月，邀请了在农场学校读书的耿马、陆良、勐库、彩凤华侨农场子女60多人参加，举办归侨钟水、温新个人摄影展。

农场学校和职工医院成立后，很多归侨都在学校和医院工作，成为骨干，并为农场学校教育、医院发展做出了积极贡献，一批归侨在参与社会主义建设中加入了中国共产党，有的当选为人大代表、政协委员，参加国庆观礼。

（三）农场教育

1960年年底，首批印度尼西亚归侨到达华侨农场后，办学便成了农场主要工作之一。听老一辈的人说，当时场部在柳家湾办起了农场第一所职工子弟小学，大理州教育局派人到农场担任校长，教师除州、县派来之外，还吸收了在海外曾从事教育工作的归侨当老师，农场根据归侨学生回国前在国外的学历分别编在各个年级，当时还办了一个幼儿班。1963年，马围、水井两地设分校，开设一年级到四年级和一个幼儿班，五、六年级的要到柳家湾总校就读。1969年，农场办起初中，高中需要到宾川一中就读。1976年，农场在独立三团团部旧址正式挂牌办高中，学制两年。1980年，改为三年。1978年，越南归侨安置到农场后，学生增多，马围、水井分校办成独立小学，各设校长一人，分别新建了校舍和教师宿舍。

1988年，三所小学单独成立一个党支部，还设有工会、侨联小组、妇联小组和团支部。柳家湾小学原有校舍破旧，联合国难民署拨款支援建盖了一栋三层12个教室的教学楼和教师宿舍，共耗资28.7万元。1990年，马围小学由于受地震影响，校舍破裂，联合国难民署再支援17万多元，重新盖了一座三层9个教室的教学楼。

农场学校由于注重德、智、体、美、劳全面发展，教师素质相对较高，教学质量逐步提高。1984年开始，就有曲靖陆良、临沧耿马、勐库华侨农场的学生来太和华侨农场读高中，宾川县内的彩凤华侨农场的大部分学生也到农场来读书。1986年，农场开始酝酿改革，首先把学校、医院、派出所等单位分别交由县相关部门，学校后来更名为宾川县第四高级中学，是宾川县最好的中学之一，还是大理州足球训练基地和具有较强实力的音乐特长学校。

说起现在四中的足球基地，应该是与当年的归侨有历史渊源的。在20世纪60年代归国的这些华侨中，有许多在国外受到过足球文化的熏陶，归国后年轻的华侨自行组织成立了宾川最早的足球队伍——太和华侨二队，推动了当地足球运动的开展。

二、彩凤华侨农场

2006年3月，我调任国营彩凤华侨农场任党委副书记。

彩凤华侨农场原是云南省公安厅于1952年3月建立的地方国营牛井劳改农场。1979年，为接待安置越南归国难侨，经省人民政府批准，省公安厅、省侨办联合下文，撤销原地方国营牛井劳改农场，建立国营彩凤华侨农场，由省侨办主管。到了1982年，农场有煤矿、汽修厂、学校、医院、商店、派出所和党委、工青妇、侨联组织，下设8个农业生产队，专门从事农业生产和生产服务，形成“小而全”的社会和管理模式。1985年，根据中央相关文件精神，农场开始改革，从以行政管理为主转变为以服务生产为主；1988年，根据省政府〔1988〕08号文件《关于华侨农场领导体制改革的意见》，农场实行党政分开、政企分开、简政放权，农场成立管理委员会，吸收公司及生产经营服务站负责人参加管理工作。1989 年 8 月 31 日，宾川县政府与农场相关部门，在省侨办、大理州政府及相关部门的参与下，分别签署了《国营农场划归宾川县人民政府领导交接书》，宾川的太和、彩凤、宾居 3 个农场正式移交宾川县政府。参加当时移交手续的有省侨办主任李为佑、大理州政府委托人张如旺，宾川县县长姚志，移交书的主要内容有：

一是华侨农场移交地方后，继续实行财务包干，不增加县财政负担；二是华侨农场招工招干，执行（88）云侨办字第 100 号文件关于劳动制度和工资计划管理的规定，如确有困难，省州给予适当照顾；三是农场的计划物资供应原供应渠道不变，钢材、水泥、石油由省侨办专项下达；四是农场干部职工待遇、福利等，一律按原规定执行，今后执行新出台的各项政策，以不增加县财政负担为原则；五是华侨农场移交县领导后，遇政治、经济、生产、生活等方面的问题和困难，县无力解决的，由省、州给予支持帮助；六是鉴于 3 个华侨农场移交后任务加重，建议增加一名副县长专管侨务和农场的管理工作。

为打造好具有宾川特色的“侨乡文化”，彩凤华侨农场结合侨场特点，编制了《侨乡文化城建设规划》和《侨乡文化城一期建设——场部旅游商贸街区规划》，并启动了部分基础设施建设，积极开展了以“富为荣、干为荣”为主题的解放思想大讨论，引导场员群众形成“要我富”变为“我要富”的积极向上理念，营造起了用勤劳的双手创建美好家园的良好氛围；筹资 6.5 万元建设了大营分场多功能文化活动室和九队文娱活动室，筹措资金编排《南亚风情》《热区情深》两个融“南亚、东南亚和归难侨原住国本土文化及现实文化”为一体的文艺节目，参加了宾川县“50年州庆”文艺会演；加强精神文明系列创建活动，开展“十星级文明户”“信用户”“文明家庭”“先进侨联小组”等群众性精神文明创建活动，积极倡导良好的社会风尚。投入资金近160万元，美化、净化、硬化了6个农业生产队的入队道路和巷道，以及4个队的改水、改厕，改善了队区场员农户的生活环境；同时，充分利用各种节日庆典活动，广泛开展寓教于乐的文娱体育活动和爱国卫生运动，使爱国守法、明礼诚信、团结友善、勤俭自强、敬业奉献的公民基本道德规范深入人心，有效地促进了场员综合素质的提高。

广大归侨带着对祖国的向往立志振兴中华而回来。尽管刚回国时不太习惯，生活比较艰苦，大部分人又没有种过地，但

农场劳作的人群

回到祖国的心情是愉快的，干起活来劲头很大。不少归侨在老职工的帮助下，短短几年就学会了各种农活。有些男归侨，一次可以挑上一百斤重的东西。即使在受到不公正待遇时，他们仍然与国内多数老职工一道坚守工作岗位，在参加水利建设和打井劳动中，有的归侨不幸致残，广大归侨干部是多年领着三四十元的月工资，在党的领导下勤恳地工作和劳作的。

2006 年至 2010 年 11 月，我调任国营彩凤华侨农场管理区党委副书记；2010 年 12 月至 2016 年 4 月，调任金牛镇副镇长、兼任金牛镇侨务办公室主任职务；2016 年 5 月至今任金牛镇政协专干。

三、柳家湾华侨社区和迎侨堂

归侨当年回国随身携带行李不多，并且行李是随后从广州由国家相关部门安排统一由大客车拉到安置地。当时，太和华侨农场为便于接待归侨，于 20 世纪 50 年代末，在农场核心区建设了华侨食堂，归侨都集中到食堂吃饭。为纪念归国华侨安置在农场，1961 年 3 月，太和华侨农场党委决定在原接侨时临时搭建的华侨食堂建盖“迎侨堂”，作为农场集会或文艺演出的综合性活动场所。迎侨堂的建盖得到中侨委专项经费的支持，设计施工由太和华侨农场的技术人员完成，建盖所用的木料由全场的劳动力从平川一根一根扛回柳家湾，所用的砖瓦也是华侨农场自己的砖瓦厂烧制。

迎侨堂主体工程于 1963 年竣工，建筑面积为 820.24 平方米，成为太和华侨农场标志性建筑，是归侨回农场寻访、探亲必到的地方，这在全国是独一无二的。

迎侨堂全景

迎侨堂分为前厅、中厅、后厅，前厅、后厅为两层。前厅的一楼内设图书阅览室、生产队会议室、照相馆；前厅的二楼为场部的机关办公室、广播室。中厅就是礼堂，70年代初成为大理州羽毛球训练基地。后厅的一楼为舞台、配电室、电影放映设备存放室、化妆室，二楼有两道悬挂垂幕的天桥。多年来，迎侨堂一直是宾川坝子最有特色、最漂亮的建筑。1982年，迎侨堂的功能转变为华侨农场党代会、职代会、电影院、文艺演出等活动场所，成为太和华侨农场侨文化活动中心，并被列为县级文物保护单位。曾经有一段时间，差点把迎侨堂拆了建成单元房，我坚决反对，还有好多老归侨一起努力，向上级部门建言，就这样才把迎侨堂保护了下来。

迎侨堂正面

根据国家和省政府精神，农场实施深化改革，于 2009 年 3 月 20 日设立宾川县人民政府太和华侨管理区，保留华侨农场牌子。2010 年 12 月，根据宾川县政府相关文件精神，太和华侨管理区并入金牛镇，设立金牛镇柳家湾华侨社区，同时保留国营太和华侨农场牌子，原生产队变更设置为居民小组，行政地界保持不变。

柳家湾华侨社区至今有来自 8 个国家的归侨侨眷 1400 多人，在日常生产生活中，仍保留着许多原侨居国的文化、生活习俗，这些文化与宾川本土文化相互交融，形成了宾川特有的侨乡文化。县委、县政府高度重视侨乡文化建设，支持社区开展居民自治，抓基础设施配套项目建设工作，提升人居环境，让居民通过自我管理、自我教育、自我服务，积极参与到乡村振兴建设中，并增强社区经济社会发展的内生动力，走资源节约、环境优美、布局科学、城乡融合、区域协调的乡村振兴新路子。

2013 年 8 月 26 日，柳家湾华侨社区被住房和城乡建设部、文化部、财政部列入国家第二批中国传统村落名录。

柳家湾社区被认定为中国传统村落

为了更好地发掘、传承和保护侨乡的历史、建筑、饮食、服饰和民俗文化，金牛镇政府于 2015 年启动《金牛镇柳家湾华侨社区传统村落保护》，通过用“一事一议财政奖补项目”资金，用三年时间对柳家湾社区进行改造，完善保护管理机制，改善生产生活条件和基础设施，使柳家湾华侨文化历史风貌得到保护和延续，文化遗产得到有效保护和永续利用，增强传统村落保护发展的综合能力。县政府和金牛镇完成《宾川县金牛镇柳家湾华侨社区传统村落保护发展规划》，通过省级评审上报住建部审批，结合实际制定了《宾川县金牛镇柳家湾华侨社区传统村落保护发展规划项目实施方案》，将迎侨堂的修缮列为柳家湾华侨社区传统村落保护发展规划的重要内容。

2017 年 11 月 16 日，金牛镇启动了迎侨堂一期修缮工程，投资 92 万元，2018 年 12 月 26 日迎侨堂二期修缮工程投资 280 万元，我作为具体参加迎侨堂修缮的人员之一，按照宾川县政府、金牛镇政府的要求，历时 2 年，完成了迎侨堂的修缮和侨乡文化广场的建设工作。金牛镇党委、政府把传承和弘扬多姿多彩的侨乡文化作为推进民族团结进步示范镇、示范社区创建的一项重要工作来抓，结合乡村振兴试点工作，将迎侨堂申报为州级文物保护单位、中国国际华侨文化交流基地、宾川县第一批“铸牢中华民族共同体意识教育基地”。

罗志华（中）参加迎侨堂修缮

罗志华在迎侨堂修缮现场

2019 年，柳家湾华侨社区启动迎侨堂修缮建设工程，2022 年在迎侨堂内启动侨史馆建设工程，为凸显“侨文化”、讲好“侨故事”、弘扬“侨能量”，我主动参与项目规划设计、史料征集整理、展厅布置等工作，并捐出了自己收藏的 12 件实物、9 件文献资料和 368 张图片。2023 年 6 月，大理州华侨农场侨史陈列馆正式揭牌开馆，迎侨堂被中华全国归国华侨联合会命名为第十批“中国华侨国际文化交流基地”，迎侨堂和侨史陈列馆成为展示侨乡厚重历史和侨乡浓郁文化的一个窗口。

四、金侨乐队

我这一辈子，母亲对我的影响是最深的。她在我小时候就经常教育我要好好做人。20 世纪 70 年代，每到节日，太和华侨农场的归侨都会集中起来在广场跳舞唱歌，我很小的时候就跟着妈妈去广场看他们跳印度尼西亚舞蹈，妈妈还教我唱一些印度尼西亚歌曲，我也会说一些简单的印度尼西亚口语。2007 年，我在彩凤华侨农场工作的时候，参加了编写农场场志的工作，因为我在太和华侨农场长大，对太和华侨农场怀有很深的感情，2008 年开始，我开始收集老照片、找农场老人闲聊。那个时候，收集这些资料的工具和手段没那么多，我经常是找到

农场女职工在田间修剪香叶苗

圭山水库引水纪念

照片先翻拍，没有扫描仪就把照片用信封收好，等有合适机会再扫描。就这样凭着一股信念，我十多年坚持收集宾川华侨农场的相关照片，现在已经有上千张图片，为即将建设的博物馆提供资料。

2008年，中央电视台“乡村大世界”走进宾川，宣传宾川“天然温室”“热区宝地”“水果之乡”，为突出特点，县里推荐老归侨参加演出；2013年，“乡村大世界”再次走进宾川开展“纯境宾川”演出，当时参加演出的一个老师临时有事无法参加，我和其他归侨上台表演印度尼西亚舞蹈，当时没有彩排，我在舞台上一边跳舞一边介绍宾川情况，结果一炮打响。

罗志华（左二）在“乡村大世界”舞台表演

我当时也没想那么多，由于有很深的“侨”情结，2012 年我组建了以“侨二代”为主的“金侨乐队”。乐队有电子琴、吉他、架子鼓、沙锤等，队员都是农场退休职工，我还担任乐队主唱。大家坚持每周二、周三晚上在我家排练。如今乐队已发展队员 8 人，我带领乐队和柳家湾文艺队精心编排了《侨乡风情》《巴巴呀》《丰收乐》《相聚》等一批颇具南亚、东南亚风情特色的文艺节目。

2016 年，“乡村大世界”第三次到宾川鸡足山演出，我们老中少三代人同台演出印度尼西亚舞蹈，至今，“金侨乐队”成为镇上认可、全县有名、有特点的乐队。

罗志华（右一）和“乡村大世界”主持人

五、为侨服务

2006年，当时我母亲生病。从小被我母亲带大的表哥表嫂从印度尼西亚到云南探亲。我至今记得那场景，表哥一进家门就朝躺在病榻上的母亲跑去，抱着我母亲就哭。来中国前，表哥以为我们生活贫穷，家人朋友都叫他多带点美元回来，后来几天我带他在大理、丽江、昆明游玩了一圈，他对我说：“你们生活比我们好太多，回来（中国）是对的。”2016年，我带着妻子去了印度尼西亚，与留在印度尼西亚的13个表哥表姐相聚一堂，其间，我还到了爷爷的祖屋，父母居住过的地方。

现在我任金牛镇侨联主席，积极履行为侨服务宗旨，对太和华侨农场离场人员回乡观光、成都知青支边40周年座谈会、中国香港66级同学联欢、印度尼西亚归侨回国50周年纪念会等活动，我跑前跑后，既当组织者又当联络员，先后接待回乡人员368人，不仅增强了亲情和友情，还通过回乡探亲的华侨，结识了大量的华侨华人，并通过他们向外宣传推介宾川。2022年10月1日至2023年9月22日，我参与接待到大理州华侨农场侨史陈列馆参观人员98批次，共3007人，其中香港49人、澳门10人。为维护归侨侨眷的合法权益，我当年多方查找资料，主动为归国时安置在太和华侨农场，后来转到香港、广州、昆明等地生活的人员办理亲属关系证明，帮助他们及时解决在工资、丧葬待遇、亡故亲属存款支取过程中遇到的困难和问题。2016年，柳家湾华侨社区棚户区改造，部分居民对采用新型材料有看法，思想上产生抵触情绪，我带着工作队挨家挨户做通了群众的思想工作。

想想走过的人生道路，我生在“侨”之家，见证了华侨农场改革发展历程，并伴着侨场发展共成长，既是农场建设的参与者，也是受益者。2011年1月，我被云南省归国华侨联合会、云南省人民政府侨务办公室评为云南省归侨侨眷先进个人；2023年获中华全国归国华侨联合会、国务院侨务办公室“全国归侨侨眷先进个人”称号。我现在仍然在金牛镇政协办公室工作，时不时去农场看望老朋友，组织乐队排练、演出，每天接送孙辈上学放学，充实而忙碌。这一切的幸福要感恩祖国的强大，感恩父母当年的回国。

2019 年，柳家湾社区归侨侨眷庆祝国庆

一生坚守　做一份事业

陈铁华

陈铁华夫妇

被访谈者简介：陈铁华，男，1931 年出生在广东省梅州市；1937 年随父母侨居印度尼西亚雅加达市；1952 年 5 月，回到中国参加社会主义建设，考取银川市卫生学校；1955 年毕业后分配到曲靖地区工作；先后在陆良华侨农场、陆良县卫生局、卫生防疫站、县卫生局、县侨办工作，任卫生局副局长、侨办主任；1992 年 4 月退休。

访 谈 地 点：曲靖市陆良县陈铁华儿子住宅

访 谈 时 间：2021 年 5 月 16 日

访谈和整理：毕娇娇　吴思颖

一、漂洋过海谋生

家父陈锦义出生在中国客都——广东省梅县扶贵乡曹溪村。1931 年 9 月，我在梅县出生；1936 年，二弟连华出生。据父辈说，父亲在十多岁时，背井离乡跟随本村宗亲漂洋过海到南洋，学得手工制作皮鞋的技术，以此给人打工谋生。后来，他的一生中回过家乡两次，第一次回乡跟母亲梁五妹成婚，第二次是时隔五年后探亲。

1937 年“七七事变”发生后，日本发动了全面侵华战争，并出动飞机轰炸离我家乡不远的古塘坪机场。为了逃避战乱，当年 9 月，父亲托“水客”把母亲和我兄弟二人带到印度尼西亚的巴城（今雅加达市），落户在班芝兰大街新巷的 19 号租屋，我也被送至附近的锐进小学读书，之后的五年里，三弟强华、四妹秀英相继出生。家庭人口的增加，加重了本就贫困的生活负担，家庭经济来源全靠父亲一人的打工收入维持。

二、家庭发生变故

1943 年日本南侵，原统治印度尼西亚的荷兰殖民者不战而降。日本统治印度尼西亚的三年中，大肆搜刮粮食和财物送往战场，巴城物资短缺，粮食紧张。供应市民的粮食实行定点、定量，市面上供应的都是劣质或发霉的陈仓米，而且买米还需排队。记得那个时候我年纪很小，得早早起床，背上米袋，带好家人数好的买米钱到供应点门口，夹在大人中间排队买米。当年，巴城的平民就是用这种大米充饥的。

“屋漏偏遭连夜雨”，接踵而来的是悲惨的家庭变故。母亲病了，高烧不退，卧床不起，家里哪有钱送她到医院看病。只有请街道上小诊所里的医生到家看病，说患的是“恶性疟疾”，诊所里无药，胡乱地拿了点退烧药走人。苦命的母亲，卧床七天后去世，年仅 37 岁。

母亲去世时我 12 岁，读小学五年级。父亲每天都要到鞋店做工挣钱维持生活，我是家中长子，只好辍学在家照管年幼的弟弟妹妹，还要兼管家务，排队买米、洗衣、做饭等。家庭如此困苦，实在无奈，父亲只好含泪做出艰难的决定：把年仅两岁的妹妹送给一家姓潘的夫妇做养女。

这一段儿时艰难困苦的家史，是我一生之中难以忘怀的伤痛，也是在以后作为激励我发愤图强、努力向上的精神力量。

小妹被送走以后，我曾经带着二弟在晚间到班芝兰街上，在昏暗的街灯下摆摊卖香烟，由于市井萧条、行人稀少，没有生意而放弃。此后，我家的前堂屋出租给一姓黄的鞋匠师傅做店铺。当时，我就萌发了要学得一门手艺，好为今后的谋生找出路的思想。我自主在每晚 7 点到 9 点给鞋铺老板无偿打工学手艺。1945 年 8 月日本宣告投降后，父亲娶继母洪恩娘进门，鞋铺也从我家搬到同巷斜对门开店，并取名“勉扬鞋店”。这时我也摆脱了家务，改在白天到鞋店打工学艺，前后共做了两年的学徒。我 15 岁时，父亲把我送到离家约一公里的新巴刹（印度尼西亚语：农贸市场或菜市场）的振亚鞋店打工。从此，就开始了我的打工挣钱之路。挣得的工钱，三分之二交给父亲补贴家用，其余的作为自己的零用钱。

我自幼为人老实本分且吃苦能干，深得店主宗叔的信任。他有事不在店时，店里的所有事宜均由我打理。我在这个店里做了七年的工人，其间，我还为店里带出了两名学徒。

三、踏上回国之路

我从小就爱读书学习。读小学的时候，在班上 40 多名学生中，我的学习成绩都是前一二名。因故辍学在家时，每当看到那些背着书包的学生上学时，我常常为家境的贫寒和早早失去母爱的遭遇暗自流泪。

1945 年日本投降后，雅加达经济开始慢慢复苏。中华人民共和国成立后，印度尼西亚独立后的第一任总统苏加诺对中国友好，对华人宽容友善，民间华人开办的各类夜校补习班增多，为了弥补幼年时期读书少知识少的不足，我报名参加巴城中学办的印度尼西亚语夜校补习班学习，短期学过英语、印度尼西亚语。其间，我加入了爱国的进步侨团“新潮协会”，参加了协会举办的各项宣传新中国的社会活动。身边有同学陆续回国，同时也激发了我要回自己祖国参加新中国建设的决心。

陈铁华（前排左二）回国前和同学游雅加达植物园

陈铁华（前排左三）和新协夜校同学合影

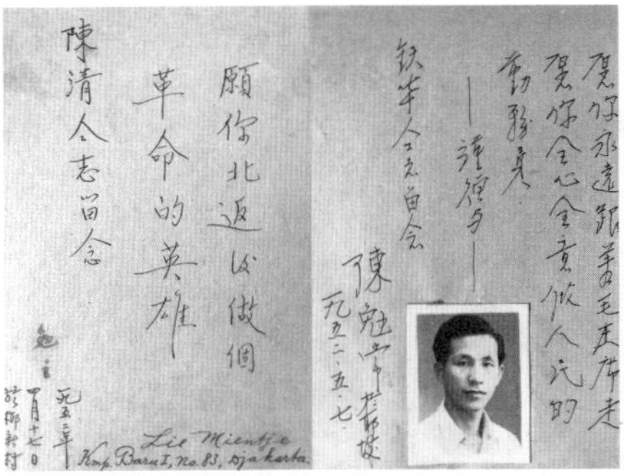

陈铁华回国时，同学题词留念

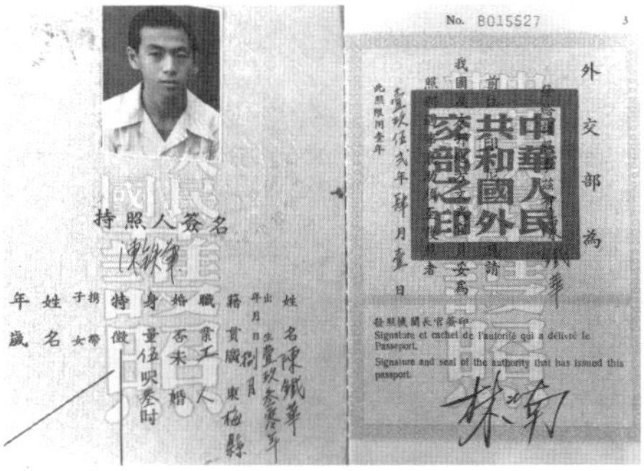

陈铁华回国时的护照

我开始积攒回国的经费，后在鞋店宗叔的经济支持下，我如愿以偿，告别印度尼西亚的家人和亲友。回国前，我分别和同学、亲友告别，同学们都互送照片题词留念。

1952 年 5 月 22 日，我和夜校的 6 位校友乘坐“嘉华号”邮轮，踏上回归祖国之路。

四、职业生涯

回到广州后，我报名参加南方大学举办的归国华侨青年学习班。

在为期 3 个月的学习结束后，适逢西北地区卫生部门来广州招生，我报名应试被录取，安排到宁夏银川卫校第五期医师班学习。

为期两年半的学业结束后，1955 年 7 月，我由国家卫生部统一分配到云南，并安排到曲靖市陆良县卫生院工作，负责住院医生的工作。当时的住院部有 7 间病房、20 个床位，有 4 名医务人员，其中有 1 名医生（我），2 名护理，1 名助产员。负

陈铁华（前排右二）和同学在南方大学合影留念

陈铁华（前排左二）1952年在银川卫校后面的集市留念

责内、儿、外、传染科收住病人的诊疗和护理，以及产妇的接生工作。这年 9 月，我到陆良华侨农场参加农场秋收工作，不久根据工作需要又回到医院。

1958 年 1 月，陆良马街镇医院院长因故离职，需要补缺，又恰逢当时流感流行，组织便调我去马街镇医院任院长，也算是“临危受命”。因为我从未涉足行政工作和农村工作，这是一次实践和能力的考验，也是一次在政治思想、群众观念、工作方法上的锻炼和提高。

特别是在农村开展防病治病的实践中，我的业务水平及实践技能得到提升。农村群众有长期依赖中医中药治病的习俗，在当时西药严重不足的情况下，我想到的是：西医西药不足，用中医中药弥补。于是开始自学中医中药知识，把学习所得应用在当地的防病治病工作中。起先，在预防流感中应用，根据别人运用中药熬成大锅药用于群防群治的经验，我没有固守他人的方式，改用本地药源多又有抑制流感病毒的桉树叶，再配上甘草，制成中药服用，做到有效又省钱，又用桉树叶煮水过滤后给当时患流行型眼结膜炎的在校学生洗眼治疗，疗效甚好。

针对当时农村常见的胃肠功能减弱而导致的“腹胀”病，配制中药“丁桂合剂”治疗有效，又曾用中药槟榔片煎水，治好一例因服用刺榔头籽治腰病而中毒的危重病；用中西医结合治好一例破伤风病人。在治疗麻疹合并肺炎、百日咳等传染病中广泛采用中西医结合治疗，既提高了疗效，又拓展了诊疗办法，更好地为人民群众服务。

在农村工作期间，我拉近了与农民群众的感情，了解他们的生活困难，来院治病的，凡采用针灸治疗的都不收费；免费为患“红眼病”的学生洗眼治病等。患者急诊看病，不论白天黑夜，路程长短，一律不收诊疗费。来院就诊的危重病人都是先诊治、后收费。贫困家庭可凭当地相关部门的证明，都作欠费记账处理，没有发生过因为交不起钱而拒收延误治疗的。

1963 年 1 月，陆良县新设立卫生防疫站，调我上任站长直到 1982 年 4 月。县卫生防疫站建站以来，我是史上任职最长的一届站长，我不敢消极怠慢，坚守岗位，做好分内工作。由于有 5 年的农村防病治病的经验，我在业务技术工作方面是强项。但我生性胆小怕事，又是党外人士，做行政领导是弱势，长期以来都以业务领导为主。因此，在人员的工作安排上都把业务技术水平、工作能力作为主选。

陆良县华侨运动会

后来，根据组织安排，我先后在县卫生局、县政府、县侨办、县政协工作。1991 年，我筹备成立了第一届陆良县归国华侨联合会，便于服务华侨农场侨联工作的需要。

党的十一届三中全会后，党和国家全面落实侨务政策和知识分子政策。这段时期，我获得曲靖行政公署颁发的关于《陆良县群众生活水平调查和水质检验报告》科技进步三等奖，中华人民共和国卫生部颁发的“从事卫生防疫工作三十年”荣誉证书。1980 年 8 月，党组织批准了我的入党申请，我成为一名光荣的共产党员。

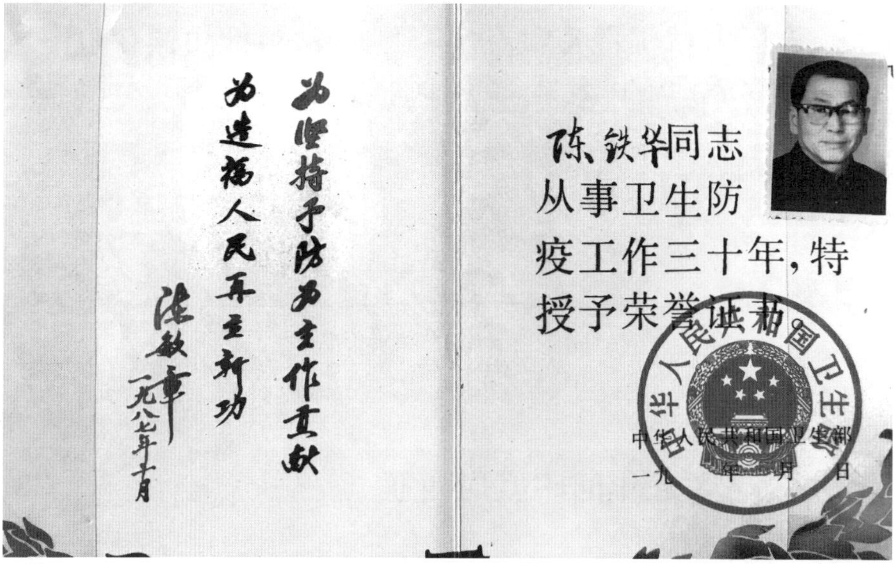

陈铁华获中华人民共和国卫生部荣誉证书

无论在哪个岗位，我都兢兢业业工作。因自己是归侨，热爱华侨的事业，积极参加县侨联的活动。1992 年 4 月，按照国家政策，我退休了。退休后一段时间，受陆良华侨农场王德明书记邀请，我去农场职工医院工作了一段时间，后因年纪大了，交通不方便，就没再去。在职工医院的那段时间，我草拟了《职工医院管理条例》。2016 年，获中国侨联颁发的“从事侨联工作超过 20 年”的荣誉证书。

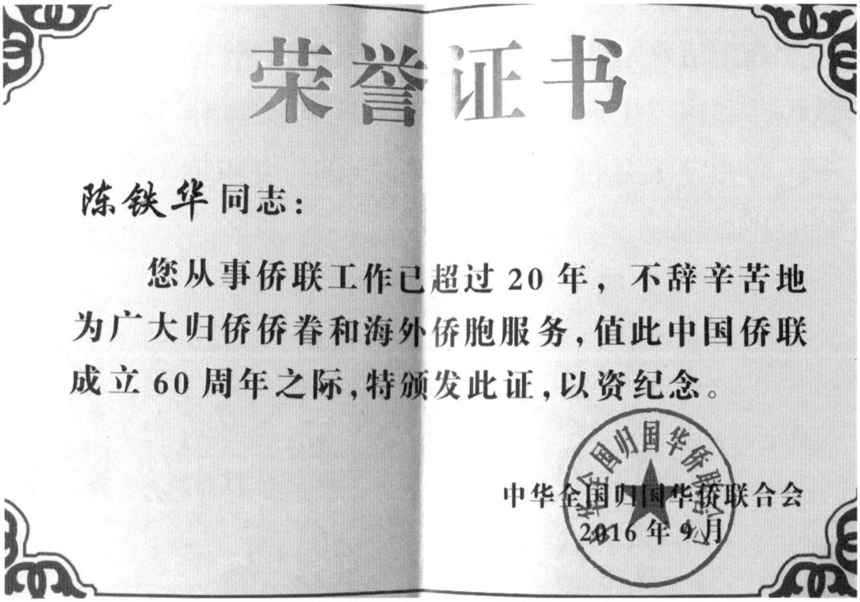
荣誉证书

陈铁华同志：

您从事侨联工作已超过 20 年，不辞辛苦地为广大归侨侨眷和海外侨胞服务，值此中国侨联成立 60 周年之际，特颁发此证，以资纪念。

中华全国归国华侨联合会
2016 年 9 月

陈铁华获中国侨联颁发的荣誉证书

五、耄耋之年回印度尼西亚

2016 年的早春，源于血脉深情，大女儿春莹提出去雅加达寻亲的倡议，几个子女和我们老两口达成共识。3 月上旬，外孙女吴思颖到昆明参加云南省侨代会，找到省侨联印尼归侨侨眷联合会会长钟芳梅女士咨询和求助。经钟会长引荐，我们联系到印度尼西亚雅加达市华文侨报《国际日报》的主编毛箭先生，在该报刊登寻人启事后，很短的时间里就得到了亲人的回应。

我原先认为，经过65年漫长的时空间隔，斗转星移，人世间该是时过境迁，物是人非。此次寻亲，不存奢望，只求侥幸。2016年3月13日，隔海电话连通，一声“大哥，我是阿荣”的呼喊，我心震颤、潸然泪下。

8月20日至28日，我家祖孙三代10人开启印度尼西亚雅加达省亲之旅。8月20日，上午9点多从昆明乘飞机启程，晚上9点多到达雅加达机场。走出机场，三弟强华、四弟荣华、六弟祥华早在机场等候。在经历了60多年的分离后再相逢，无限感慨！告别的当年，弟弟们多在幼稚之年，有的还没有出生。而今都已是耄耋之年，除六弟祥华孤身一人外，其他的弟弟们都是三代同堂了。

两地亲人会合后，先吃了一顿团圆饭。后辈们都未曾谋面，虽然生疏，但亲情所至，他们并不陌生，语言不通，并不影响交流。饭后，两地亲人，三五成群，或比着手势，或请当中略懂中文的做翻译，相处融洽，和谐温馨，老哥老弟坐在一起共议家庭旧事，互诉衷肠。其中最感动的是二弟连华家大女儿秋莹，闻讯后从苏门答腊岛携其丈夫乘飞机前来会合，还带来了用手机翻拍的我年轻时寄回家中的相片。

8月22日，三弟、四弟陪伴我们，全家重游班芝兰故里。这里是我父亲立足安家，养育我兄弟七人成长而终其一生的地方，也是我魂牵梦萦的异国他乡。

班芝兰，是雅加达市华人最集中的一处繁华商业街，这里90%以上的商人是华人，因此也被当地人称为雅加达的“唐人街”。我的老家就在街区背后的一个小巷内。我记忆中的班芝兰，街道宽阔，在街道进口处的左边有个集商贸农贸于一体的综合大市场叫“新巴刹”。以这里为起点，街道被一分为二，左边为行车马路，右边是供夜市摆摊设点的场地。街的两边商铺林立，光是电影院就有 3 家。生活用品一应俱全，人来人往，很是热闹。

今日重走班芝兰，已是今非昔比，面目全非，街道中间被绿化带隔离，变成了往来车辆各走一边的单行道马路，街两边的老商铺依旧在，但多半都是关门闭户，人去楼空，留存的仅是年久失修残破的老屋。更惊奇的是进入我家老屋的巷道已被密密麻麻的小商贩摊位所占据，我已难辨东西，在三弟的带领下，走进狭窄的巷道，找到了 19 号门牌的老家。故居已经易主，改办成小食品店。看着这间居住过三代人的老屋，别是一番滋味在心头。再看周边的左邻右舍，都是关门闭户，人去房空。我深深地怀念旧时的亲邻好友。

走出老家的巷道，沿着当年的足迹，寻找少年读书的“锐进小学”遗址，沿着“九菜坪”走到“新巴刹”，这里是我当年打工谋生的地方，“振亚鞋店”早已随着“巴刹”的改建而消失。现在看到的“新巴刹”规模较大，上下三层，底层仍是菜市场，二、三层是日用品商场，周边的老铺依旧在，也多是房门紧锁，留下的是陈年老屋，景象苍凉。

8 月 26 日，在三弟的精心安排下，我们到当年抛撒故人骨灰的海葬场缅怀故人，寄托哀思。两地亲人会合，坐在舢板船上，面向茫茫大海，仰视苍天在上，撒下片片鲜花，遥寄对故人的怀念，铭记父母养育之恩，山高水长。

8月28日，我们启程回国，二弟、三弟带着子女们来相送。我默默在心里向他们告别：保重，我的亲人们！我没想到有生之年还能见到亲人，这真是无论走得再远，却走不出我的牵挂；隔着海、隔着山，还是如同咫尺。

陈铁华（左三）的两个女儿（左一、左二）、一个儿子（右）和作者（右三）合影，右二为陆良县侨联党组书记马萍

时间过得真快，如今又过了5年，我现居住在曲靖，由女儿照顾，重孙已经上学，四世同堂，生活非常幸福。我常庆幸当年选择回国，感恩祖国。

勤能补拙是良训

洪桂娘

洪桂娘

被访谈者简介：洪桂娘，女，祖籍福建厦门。1954 年 6 月出生于印度尼西亚泗水市，1962 年 1 月随父母回国，安置到宾川县宾居华侨农场。先后在宾居华侨农场小学、宾川县第一中学、上海复旦大学上学。1978 年 8 月至 1984 年 9 月，在嵩明县第一中学任英语教师，兼任嵩明县第一届政协副主席。1984 年 10 月至 1996 年 7 月，在昆明平板玻璃厂技术开发处工作，任现场工程翻译。1996 年 8 月至 2009 年 6 月，在昆明梅塞尔气体产品有限公司工作。2009 年 7 月至 2017 年 6 月，退休返聘，任昆明梅塞尔、云南梅塞尔、梅塞尔格里斯海姆（昆明）气体产品有限公司总经理助理。2017 年 7 月至今，云南省侨联印尼归侨侨眷联谊会理事、副会长。

访 谈 地 点：昆明市庆云街“侨胞之家”

访 谈 时 间：2023 年 8 月 11 日

访谈和整理：毕娇娇

我们洪家是清朝时候移居印度尼西亚的，我1954年6月在印度尼西亚泗水市出生，7岁的时候随父母和哥哥弟弟坐船回国。

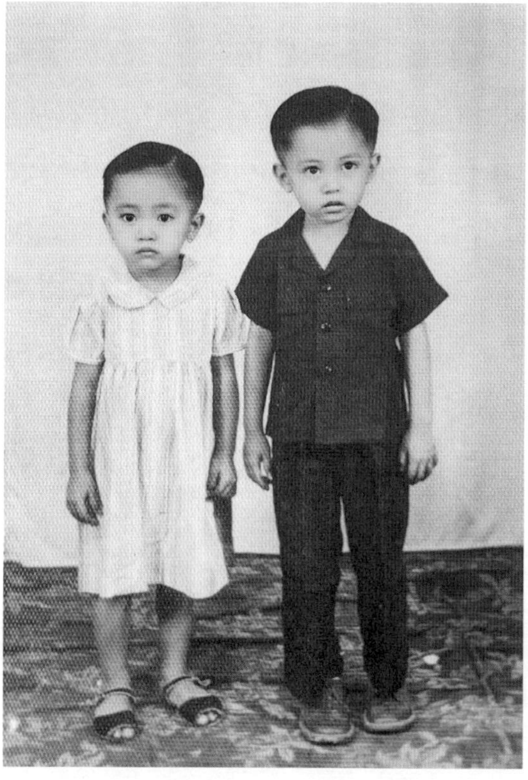

1956年，洪桂娘（2岁）和哥哥（4岁）在印度尼西亚的合影

那年回国的归侨都是从雅加达丹戎不碌港上船，乘坐的船叫“东豪”（翻译过来的名字）号，据说是从中国香港租来到印度尼西亚接华侨的。该船途中先后在新加坡、中国香港停靠，最终到达广州黄埔港，我们下船后在广州三元里暂时住了下来。我们那一批回国的华侨，有泗水市加里曼丹岛的几十家人。因为是冬天，国家给我们发了棉衣，棉衣有新有旧。根据国家分配，我们一家被分配到云南省大理州宾川县宾居华侨农场。十多天以后，我们从广州坐火车到了贵阳，从贵阳坐客车到昆明，在昆明停留了几天，宾川太和华侨农场派了两人接我们到宾居农场。

1955 年，云南省在这里建立国营宾川机械农场，1958 年国营太和农场建立，宾川机械农场与太和农场合并，改为太和农场宾居作业区，1960 年太和农场改建为国营太和华侨农场。1962 年，宾居作业区太和华侨农场划出建立国营宾居华侨农场，由中侨委领导，委托云南省侨务处管理。1970 年改为云南省生产建设兵团独立三团二营。1974 年，云南生产建设兵团撤销，恢复国营宾居华侨农场，归省农垦总局主管。1978 年安置越南归侨后，于同年 7 月起划归省侨办主管。

1962 年 2 月，我家随印度尼西亚归侨 170 余人到达宾居，农场给我们安排了住房，房子是之前有人住过。有华侨回来后，之前住的人搬走，农场统一分配。那时条件很艰苦，一家人住三四十平方米的平房，就是那种土基房，墙上有很多臭虫尸体和血迹。没有厨房，父母就在门口自己搭了一个灶台，我们从印度尼西亚回国的时候自己带了白糖、印度尼西亚的饼干等。

我记得，从我家住的地方到场部没有树，都是空地。到场后，父母参加劳动，我在印度尼西亚上了一段时间三年级，不会说中文，但会讲客家话。回国的时候如果已经初中毕业，就留在昆明华侨补校读书，小学没毕业的都跟随父母到各个农场。我们被安排到农场扫盲班读书，我上三年级，哥哥上四年级，记得老师姓曾。学校条件也艰苦，有一个教室，学生经常去支农，比如种桉树什么的，学校也经常开展学雷锋活动，也会请老红军、志愿军来和我们讲战斗故事。班级原来全部是归侨子女，后来祥云县修水库，迁了一部分人到宾居，就有一部分本地小孩和我们一起上学。

我从小就热爱读书，很努力做事，父亲也一直教育我们做人要踏实。我有个好朋友叫彭曼花，大我 5 岁，我俩是一个班的。当时学雷锋做好事，每天早上五点多我俩就相约到学校，一个负责烧水，一个负责挑水，做好事。挑水的路很远，至今都还记得开始挑水的时候经常踉踉跄跄。她后来找了一个缅甸归侨结婚，去了香港。

小学毕业后，准备考宾川县一中。但宾川县一中已经停课，我们这些学生又全部安排到宾川县农业中学读书。农中有 100 多亩地，开始是上课。

1968 年年底，在毛泽东“知识青年到农村去，接受贫下中农的再教育”的号召下，我也提出到农村插队、到艰苦的地方锻炼的要求。于是 1969 年年初，我到了农场一队去插队，一队全是本地人。我们住在知青的房子，房子的地是泥土地，我和职工的关系都很好。因为都是大锅饭，大家没有积极性，每天就做一点点活，我的性格不是这样，就自己一个人去田里劳动，到休息的时候才休息。到了评工分的时候，组长评了我 10 分，有 0.8 元钱。那时最强的劳动力也就评到 12 分，哥哥在另一个队也只评了 9 分。组长是本地祥云人，我不认识他，他给我那么高的分，说明我的劳动得到大家了的承认，我很开心。

过了四五个月，农场小学初中复式班恢复上课，我父亲叫母亲来找我，叫我回农场读书。复式班招了 60 人，我和弟弟一个班。1971 年，宾川县一中恢复教学，招生 9 个班。我们复式班有 20 人被县一中录取，我和弟弟同时上县一中。学校把农场去的一营二营学生编成高 9 班，没有其他地方的学生，大家学习都很努力，风气很好。宾川一中的老师都很优秀，很多是下放到宾川教书的大学生，老师知道归侨学生活跃，都愿意教我们。上学的时候，继续有支农课，学校自己有土地，让学生种菜，我们种的蔬菜就没有本地学生种得那么好。我和同学关系都很好，有个同学读到硕士毕业，现在云南财经大学当老师。

1973 年，我再次回到农场，到三连插队，没有和父母住在一起，他们住在回国时安排的场部。场部在宾川县州城镇。州城镇是中国历史文化名镇，原为明清两代宾川州治所在地，故名州城。自明弘治七年（1494 年）置宾川州，筑大罗卫城，即州城，1913 年改宾川州为宾川县，州城又为宾川县城，1956 年宾川县城迁至牛井，州城才结束了作为宾川州、县治所的历史。州城古城为正方形棋盘式格局，十字街中心建有四层、六角、攒尖、过街钟鼓楼（宾兴楼），古城内除保存钟鼓楼外，还保存有文庙、武庙、城隍庙、忠烈祠、观音阁、报国寺、文昌宫、南薰桥、天主教堂、四川会馆、笔山书院等古建筑群和明、清、民国古民居建筑。南薰桥不但年代古老，小时候就听人讲是贺龙率领红军长征过宾川历史的见证，又名“红军桥”，是大理州重点文物保护单位和爱国主义教育基地。

我先是做农活，后来被调到场托儿所。那时托儿所几个月大的娃娃也收，我的工作就是带娃娃，我很喜欢娃娃，但是看着那么小的娃娃就不敢抱。每天还要把娃娃背到田里找他们的妈妈哺乳，我经常是背一个抱着一个走到地里找到娃娃的妈妈，让妈妈们哺乳后又背回托儿所。在托儿所工作了几个月，场部武装部搞民兵训练，我又去参加民兵训练，晚上在农场巡逻。农场配给我们冲锋枪和火枪。以前宾川很缺水，场部种了很多桉树和蔬菜，会有周边的村民来偷树和菜，我看到偷菜和偷树的村民，都是放空枪吓唬。一个月后，我被调到食堂工作，要负责一个农场一日三餐，食堂烧煤，蔬菜是公家菜地里的。虽然辛苦，但我一如既往地服从安排，任劳任怨地在食堂当炊事员。

1975 年，国家恢复大学招生。那时大学招生是分配名额，我们农场分配了两个名额，一个是去复旦大学，一个是去云南师范大学。场部经过每个生产队推选、考察再到场部开会商量，最终我和陈兰子被推选去上大学，两队副队长后来告诉我，开会商量推选人员时，职工对我的评价都很好，让我很感动。10 月国庆前夕，连队为大家包包子，连队给我送来复旦大学英语专业的通知书时，我正在食堂干活，手上全是面粉，那个情形至今都记得。

1975 年在大理宾居华侨农场的全家福
（左一：洪桂娘，以此顺序为母亲、父亲、哥哥、弟弟）

我一直好学，大学期间学习成绩不错，获得系里的三好学生、优秀生。1978 年大学毕业时，学校让我留校，但云南省一直要求我们回来。回到云南，我被分配到曲靖组织部，接待的人让我在师宗或罗平中选择，我都不知道这些地方，就大着胆子和他们说申请回大理，曲靖组织部把我调整回昆明，分配到嵩明县一中教书。

洪桂娘1978年复旦大学毕业照

我在嵩明县一中教4个班的高中英语。那时学校条件差，住在木板房的二楼，楼下面是其他老师的厨房。学生的条件也参差不齐，有的在初中只学了几册英语，而且当时英语成绩不计入高考成绩。每年快高考的时候，学生基本不来上英语课，只有几个学生在听课，其中一个就是校长的儿子，叫吕正红，他都是安安静静地听课，现在是加拿大皇家院士。

我在学校很努力地教书，有的老师请假需要人代课我也总是乐于帮忙，我和学生关系也很好。经过一段时间的教学，我和校长提出来按照初中毕业考试的英语成绩编班，我的课时增加到每星期8节课，周末都在上课。因为工作太拼命，我得了脑神经衰弱，学校也给了我很多荣誉，获得“三八红旗手”称号，当选为县政协委员，并兼任县政协副主席。

有一年，全县的中考，初中升高中，我做了批改英语试卷的组长。抽的老师不多，水平有高有低，有一个还不是教英语的，有1000多份试卷，发现有好些批得不严谨导致算错分数，有的差7~8分，这对学生来说是不负责任的表现，最后全部试卷我一个人复核了一遍，改正了批错的地方。

1984年，暑假期间，我参加了全省高中教材过关培训，在过关考试中获得第三名。本来省教育厅对获得前三名的老师免费提供到西南师范学院（现在是西南大学）进修的机会，但嵩明一中怕缺老师就没通知我去。过了几个月，校长才告诉我考了第三名，第二名是北京的一个归侨。我不想继续在学校教书，正好有次出差遇到我的一个缅甸归侨朋友在昆明平板玻璃厂工作，和我说玻璃厂要一个现场翻译。我在面见了厂长后，向学校提出工作调动申请，经县教育局同意，1984年10月，我调到玻璃厂工作，厂长亲自开车来学校接我。

昆明平板玻璃厂是我国第一个“五年计划”时期重点建设的大西南地区建材工业唯一项目。企业始建于1958年，后因20世纪60年代初国家三年困难时期而停止。1965年，国家决定重建昆明平板玻璃厂，并于60年代中期至70年代初期分配大批建材院校毕业生到该厂工作。昆明平板玻璃厂的重建填补了云南省建材工业的一大缺口，也为云南省和昆明市的城乡建设立下了汗马功劳。1970年，该厂顺利点火投产，经过数年发展，最终成为云南省重点企业和利税大户，1996年改制成立昆明玻璃股份有限公司。1984年，昆明平板玻璃厂从比利时引进一套日处理原料255吨的电子称量系统，对原料车间进行技术改造。设备运行后，玻璃成品率提高了 3 个百分点，一级品率达 81.44%。那时玻璃厂发展很快，尽管我从小数理化学得很好，但翻译那些专业的东西需要很多专业知识，我就成了省图书馆的常客，经常去省图书馆查资料、学习，我拼命地工作，厂领导也很放心将很多项目的现场翻译交给我。

1985 年，洪桂娘（左一）随昆明平板玻璃厂领导、秦皇岛玻璃设计研究院的工程师一起陪同比利时托利多公司总经理等人游览昆明大观公园

因项目建设需要，玻璃厂后来又招了两个翻译，项目结束后厂里只留了我。那时很多设备都是从国外进口的，一般人看不懂，有外方人员会待在厂里一段时间，负责设备使用，我的工作是按照外方人员的教法翻译出来教工人使用。记得有一次，投料机一直无法停下来，我半夜三更被叫醒，要求去找还在厂里的外方人员，我心想我先去看是什么情况再去请外方人员。等我到了

车间一看，原因是工人在使用的时候没把握好一个点导致机器运转不正常，我自己就解决了问题。我对外方人员不卑不亢，随时站在工人角度维护我们的利益，项目进展很顺利，我得到外方人员的一致好评，工人都说自从引进设备，人工节约了，生产环境也好了，企业效益好了，奖金也提高了。我也因此得到“科技进步奖”称号。厂领导接着又引进以英国和法国技术为主的全电熔彩色浮法玻璃生产线。1997 年投产，开始生产蓝色、茶色、灰色优质玻璃，尤其是蓝色玻璃，色泽清亮、明快、纯正，给人以舒适高雅的感觉，被称为“昆明蓝”，在全国的彩色玻璃中一枝独秀，深受广大用户的欢迎，不仅可作为优质的普通建筑玻璃，还能为深加工提供大量的优质玻璃基片。该线应用了美国 Honeywell 的控制系统，并大量吸收国内外生产技术的精华。

1986 年，洪桂娘（左二）在法国考察和验收昆明平板玻璃厂进口的退火窑设备

经过多年的发展，昆明玻璃股份有限公司已拥有从英国、美国、德国、法国等国家引进的先进设备和技术，成为集优质浮法玻璃、玻璃深加工产品于一体的大型玻璃生产基地，是中国500家较大建材工业企业之一，国家二级企业，云南唯一的大型平板玻璃生产企业，多次被评为“云南省重合同、守信用企业”。1998年，公司玻璃生产量在全国排名第14位，产品在国内享有盛誉，并长期销往东南亚及中国港澳地区。

1987年，洪桂娘（右二）在英国KTG公司参加电熔窑技术培训

昆明梅塞尔气体产品有限公司于1996年3月29日成立。法定代表人是黑克尔，公司经营范围包括：生产经营及销售自产的工业用和专用气体；出租和维修配套的气体及储存设备、气体应用技术的市场开发等。

1996年、1998年和2003年，梅塞尔集团在云南先后成立了昆明梅塞尔气体产品有限公司、云南梅塞尔气体产品有限公司及其玉溪分公司，是云南省知名的外商投资气体生产厂家。2012年，梅塞尔集团又在昆明海口工业园区成立了独资的梅塞尔格里斯海姆（昆明）气体产品有限公司；2015年成立了合资的云南云天化梅塞尔气体产品有限公司。至此，梅塞尔在云南的投资总额已超过1亿美元。

2006年，洪桂娘在云南梅塞尔气体产品有限公司玉溪分公司

云南梅塞尔气体产品有限公司分别在安宁和玉溪设有工厂，总共有四套先进的全精馏制氩空分装置，并有世界先进水平的仪、电控制系统、检测系统及关键设备，主要产品有液氧、液氮、液氩及氧气、氮气和氩气。自2000年投产以来，云南梅塞尔以其稳定的产品质量，安全可靠的供气和专业的服务赢得了客户的信赖。公司于2001年通过了ISO9001国际质量管理体系认证。

1996年，德国梅塞尔集团进入云南发展，首先开始和玻璃厂合作，我是中方谈判代表之一。经过谈判，德国梅塞尔与昆明玻璃股份有限公司组建昆明梅塞尔气体产品有限公司，总投资额1508万美元，从英国引进的空分装置及两套制氢装置，主要生产工业气体氧气、氮气、氩气。我在参与项目谈判中学习到很多东西，因此在合资公司组建后要求调到合资公司上班，玻璃厂一直不同意我调走，但我觉得在梅塞尔可以学到更多的东西，得到更好的锻炼，我执意要到合资公司工作。

到了梅塞尔公司，我参加了4天的全英文培训，从英国来了几个老师，让我大开眼界。而且，公司后来还送我到中欧商学院培训了一年，在那一年的学习期间，我接触了很多世界500强企业，如霍尼韦尔、ABB，向他们学习了很多先进的知识，我认识到这些企业的扁平化管理有利于调动人的积极性。比如，梅塞尔昆明公司在1996年就给职工买医疗保险和商业保险，签劳动合同，实行绩效考核等。

梅塞尔学院的10天管理培训很有趣。里面的学生有海归、有工程博士、有各省不同专业的大学生。我当时40多岁了，跟那些年轻人在一起，学到了不少东西，他们很多都在外企、世界500强企业工作，思想很活跃，工作能力很强。我也很感谢梅塞尔让我不脱产参加了这一年半的培训。

我先后担任昆明梅塞尔和云南梅塞尔总经办经理、质量安全部经理、人力资源及行政部经理。在担任人力资源及行政部经理的时候，我都为职工着想，每年预留5%~8%的预算作为职工下年的绩效。在梅塞尔工作期间，我也曾经到位于成都高新区的四川梅塞尔学习。2009年6月，我从梅塞尔退休。7月，退休返聘，任昆明梅塞尔、云南梅塞尔、梅塞尔格里斯海姆（昆明）气体产品有限公司总经理助理，直到2017年我63岁，再次退休。

现在我还在云南省侨联印度尼西亚归侨侨眷联谊会服务担任副会长，我们印度尼西亚联谊会在大家的努力下，“内联”和“外联”都做得很好，印度尼西亚来了人我们都接待，我们也经常和在昆明的印度尼西亚留学生开展联谊。联谊会现在还培养年轻的“侨二代”参加服务。我觉得在两个企业工作的经历特别是在梅塞尔工作时期，我学习到了很多新的知识，是自我提高最多的时候。

一晃眼，我回国已61年，父母也离开了人世，我很庆幸被父母带回中国。回想走过的历程，我觉得自己是幸运的，但这个幸运其实与我一直爱学习、崇尚学习是分不开的。

我的成长经历

周会金

周会金

被访谈者简介：周会金，男，1970 年 3 月 28 日出生在越南黄连山省坝洒县。1978 年 12 月回国，先被安置在昌宁县柯街华侨农场，后被安置到原临沧地区双江县勐库华侨农场。高中毕业后在农场工作，先后在农场四队、场部经济体制改革办公室、农场行政办公室工作。2003 年至 2014 年任临沧市第一、第二届政协委员，双江县第十届政协委员，现任勐库华侨管理区党政综合办公室主任。

访 谈 地 点：临沧市双江县勐库周会金住所

访 谈 时 间：2023 年 8 月 25 日

访谈和整理：周会金　毕娇娇

一、回国记忆

我家祖籍是江西吉安，爷爷那一辈由于战乱和生活等原因，做生意从江西到了马关，清朝末年从马关出境到了越南黄连山省坝洒县定居，生活 70 多年，四代同堂。坝洒县就在边境，我家 9 个兄弟姐妹，到了入学年龄，我在越南上了三个星期左右的小学。

1978 年，越南开始排华，当时华侨有两个选择，一是去越南中部安沛省，中部是原始森林，需要自己垦荒；二是回中国。大哥和二哥随着其他人先回到中国。那时二哥已结婚，回国后被安置在西双版纳，大哥被安置到双江勐库华侨农场，他那时还没有结婚。

我家房子周边都是田地，在 1978 年秋收后的一天，三哥四哥在田里玩火，火很快从田地烧到我家房子，我父亲去村委会报告说不回中国，要去安沛省。但其实，父亲是准备把一家人带回中国，他把牛卖了，家里值钱的东西也换成钱，总共买了 4 匹马和几块苏联表。白天，父亲请了一家关系好的苗族，交代了请他们帮忙照看田地和房子。接着把家里的鸡和猪都宰了，肥的肉炼了油，肉用油榨干装在桶里带回中国。一切准备妥当，我们一家在晚上离开家，悄悄地往边境走。平时我们到文山马关小坝子赶街（集）只需走一天，但这次回国却走了一个星期，主要原因是在路途中听到各种传言，怕国内不稳定，父亲就在一个村子的熟人家住了下来，派人打听情况，待打听情况的人回来和我们讲了国内的政策后才继续往前走。

1978 年 9 月，父亲拖儿带女，跋山涉水从越南徒步到中国，由马关县都龙镇毛坪村入境，终于回到祖国。当时在毛坪村的山坡上、树林中到处都是回国的华侨用茅草和树枝搭建的临时帐篷。在毛坪村山上住了大约一个星期，政府在毛坪村的空旷处搭建了更多简易帐篷。当时，回国的华侨居住按照住熟人家、临时大棚和老百姓收留三种形式暂住。我家住在熟人家，政府统一提供食物。当时毛坪村至马关县城还没有公路，政府组织入境的归侨参与修公路，大约经过三个月，毛坪村至县城的公路修通了。

1978 年 12 月 18 日，我们在毛坪村统一乘坐客车，几十辆客车在弯弯的公路上排成长龙，一路灰尘滚滚，途经文山、开远、昆明、楚雄、大理、保山，最后到达昌宁县柯街华侨农场。在柯街华侨农场一公里的道路两旁，站满了欢迎的人群，他们双手摇着鲜花，欢呼：“欢迎！欢迎！热烈欢迎！”

等候在各个居住点的工作人员将我们带入早就安排好的住房。住房是营房式的，一排一排的瓦房，崭新整洁，每户一套，住房和厨房面对面各为一排，中间有很宽的通道。进入房内，床上叠放着崭新整洁的被褥，客堂中央摆放着一张四方木桌和木凳，装满热水的保温壶和水杯规整地摆放在四方桌上，厨房中的锅、碗、盆、瓢、灶等生活用具一应俱全。工作人员将房门钥匙交给我们，并真诚地告诉我们："这里是你们的新家了，以后你们就可以在这里安家生活了。"在祖国母亲的关怀下，在外漂泊几十年的辛酸苦辣在这一刻全部化成感动的泪水。

二、学习成长

此后，大人们被安排在各个生产劳动小组参加生产劳动。7~16 周岁的少年儿童，全部安排到学校读书学习。1979 年 2 月，大哥此时已入伍，在部队遇到柯街的亲戚，听说父母和其他兄妹都回来并安置到柯街，大哥就到柯街找到我们。

按照家人团聚的政策，经申请，1980 年 8 月，我们一家又从柯街华侨农场迁到了勐库华侨农场，我们的生活也开始稳定下来。当时，我在柯街华侨农场已读完小学一年级，到勐库华侨农场后，接着在农场子弟学校念完小学和初中。由于勐库华侨农场没有设高中，当时县一中对华侨农场的学生实行限人数录取，每年最多择优录取 5 名高中生，成绩差的只能由农场想办法解决，保送到宾川县太和华侨农场中学读高中。那时农场有学校、医院、派出所，完全就是一个小社会。初中毕业后，我被安排到宾川太和华侨农场中学读高中，农场先后派了 4 批高中生去太和华侨农场读高中。

勐库华侨农场接侨的领导和群众

归侨从车上卸下自带的行李

1988年11月6日，澜沧县发生7.6级大地震，波及耿马、双江等周边县乡，父亲在地震中病故，由于家庭困难，我想申请转回双江县一中继续念高中。我趁假期回家的时候问到校长家的住址，就去校长家门外面一直等着校长出门。校长出门的时候，我上前和校长说，因为父亲病故，家庭困难，去宾川读高中太远了有困难，申请回农场读高中，校长同意了，我又回到农场读高中。当时地震余波不断，学校用油毛毡和木料在操场上搭建了简易的教室和宿舍，地震结束后才转移到原来的教室中上课，直到1990年高中毕业。由于高考落榜，加上经济条件等原因，我未能继续学习，就结束了自己的求学道路，回家待业。

三、农场工作

到了1991年，我赶上最后一批农场招工进了农场，那次招工招了100多人，安排在农场兴办的玻璃纤维布厂上班。玻璃纤维布是将玻璃拉制成极细的玻璃丝，将玻璃丝纺成纱，再通过织布机织成玻璃纤维布。玻璃纤维布用途广泛，在工业上主要用于隔热、防火、阻燃，机械制造、船舶等行业都用。由于玻璃纤维布厂经营不善，不到一年就宣告破产。1992年，我被安排到第四生产队当会计。现在想，当时建这个厂就不规范，买来的机器当时就很落后，我记得很多设备拉到厂后就被大段大段地锯短，机器好不容易安装好了，生产出来的产品根本销售不出去。我和几个同事当时被场部安排外出推销产品，从深圳、珠海再到厦门走了一圈回来，玻璃纤维布一米都没有卖出去。

当时是计划经济时代，农场的经营、销售和分配都按国家和政府的计划进行安排，农场下辖有农业生产队、电站、供销社、粮油加工厂、养殖场、茶厂、玻璃纤维布厂、学校、医院、机修队等单位，可谓“麻雀虽小，五脏俱全”。我所在的第四生产队共有农业职工 60 余人，生产队干部 3 人，其中指导员 1 人、队长 1 人、会计 1 人。当时已实行家庭联产承包责任制，农场将田地、茶园等土地资源承包给每个职工，定产量、定产值，承包人要按时完成产量和产值，对完不成产量产值的要按规定进行经济惩罚，对超产的实行奖励。生产经营所需的化肥、农药、种子等农用物资由农场统一购置，发放至生产队，由队长和会计分发至各家各户，产出的粮食上缴到农场的粮食仓库进行加工保存，职工和家属的口粮由农场按国家统一供应价进行供应，茶叶鲜叶必须统一上缴到农场茶厂，进行统一加工和销售。农场茶厂采购茶分 3 个等级，即二、三、四级茶，没有一等茶。我当时的工资是 132 元 / 月，我家有 21 亩土地，一年要空地一次，锄草 2 次，年底中耕一次，施农家肥。农场职工种出来的粮食都是先统一上缴，由农场统一加工、储存和销售，每户的粮食按照人头再下发，有米、面，还有 5 斤杂粮。那时茶叶不准私人售卖，每年到采茶季节，场部都要派出大批职工到各个卡点去堵，堵到采了新茶私自售卖的职工就劝返，或者直接抓起来。

在计划经济时代，虽然生活很艰苦，但是在工作中，大家讲学习、讲政治、讲团结，认真完成每一项工作任务，积极性很高，从不会计较个人利益和得失。1993年3月，由于场部机关需要充实年轻人，我被调入场部机关，安排在经济体制改革办公室工作，主要负责农场的职工住房制度改革工作。我们办公室共3人，其他两人都是老同志，在老同志的带领下，我认真学习上级关于住房制度改革的相关政策文件，较快学习掌握政策知识，主动承担繁杂的内业工作和外业测量等工作，在工作中因为有老同志的关心和帮助，所以顺利完成了住房制度改革各项工作任务。

四、农场变迁

农场很早以前都是一排一排的平房，住房一排，厨房在住房对面一排，都是泥巴糊墙。在安置归侨的时候，按户分配住房，一家人一般三四十平方米，厨房一般10多平方米，人口多的就很挤。1994年实行农场住房改革，政策是按工龄折算价钱，把归侨住的房子卖给归侨，大都是几百块钱就可以买下来。但这次住房改革是不彻底的，一眼望去，农场还是低矮、破旧的平房。

1980年至1984年，省侨办对农场实行每年核定亏损包干数额，超亏不补，减亏留场。1984年，农场实行家庭联产承包责任制，土地分到户，定额上缴，自负盈亏。农场自建场起就建立基层组织，1987年末，场部党委下有10个党支部，1983年成立农场侨联。

1988 年 5 月，农场由省侨办移交县人民政府管理。1995 年，我调到农场行政办公室工作，从事过劳动工资工作、行政办公室主任工作和党政综合办公室主任等工作，并于 2002 年 2 月光荣加入中国共产党。

2001 年 10 月进行“领导体制和管理体制、劳动用工制度、养老保险制度、场办社会归口管理”四项改革，将华侨农场确定为县属国有农业企业，实行自主经营、自负盈亏、独立核算、政企合一的管理运作模式。2009 年 3 月实施“体制融入地方、管理融入社会、经济融入市场”三融入体制改革，在保留国营勐库华侨农场牌子的基础上，设立中国共产党双江自治县勐库华侨管理区工作委员会和双江自治县人民政府勐库华侨管理区管理委员会，为双江自治县人民政府的派出机构。

周会金接待归侨

2001 年，土地分到人头。农场职工也实行了“四项”制度改革，原来大家是农场的农业企业员工，在改革中都分配土地，低价和免费两种情况，有工作的按照高价给职工，没有工作的按照划拨和低价分配，每年缴纳承包费（100~200 元）。2005 年，省侨办实施“安居工程”，每户补助 3000 元。2009 年实施危房改造，包括棚户区、归侨和非归难侨的危房改造，中央、省、市每户给予资金扶持 1.5 万元，自建房的土地划拨，共完成 992 户。这次改革后，农场绝大部分职工都在自己原有土地或新申请的土地上盖起了楼房，真正实现了安居乐业。

我记得，2005 年至 2006 年全省危房改造现场会在农场召开。农场职工得知消息，提出自己办伙食接待开会的上级领导

2008 年 3 月，国侨办国内司司长程铁生在勐库华侨农场参加“全省归难侨危房改造现场会”

和其他侨场的领导，征得省侨办同意后，场部派出工作人员指导职工，最终开会的时候在场部摆成长街宴，当时有很多人对越南归侨的印象还停留在懒惰、居住脏乱上，在双江这次会议后，大家的印象才彻底改变。

大约2001年，茶厂改制成为私营企业，茶叶可以随便买卖。2007年，云南普洱茶价格上涨很快，几角钱的茶叶卖到10元至20多元一斤，百姓的生活水平显著提高，农场开始出现做茶的（茶叶加工），直到2019年，农场职工基本实现打工不用出门，在春茶采摘的季节，去茶厂采茶拣茶的每天100元，绝大部分人家有房有车，票子也多了。归侨中有资产上千万的、几百万的。2017年，国家实施精准施保政策，低保户从过去的2000多户减少到只有40多户。

勐库华侨管理区工委下设党的基层组织7个，其中党总支1个，党支部5个，有党员111名。其中，归侨侨眷党员87人，占78%。在管理区的经济社会事业发展中，归侨侨眷积极参与，发挥了重要的作用。根据《双江自治县城乡绿化美化三年行动方案（2022—2024年）》要求，我们开展“绿美侨乡”建设工作，建成22座垃圾房，安装路灯100盏，村容村貌全面得到提升。全区现有茶园3787亩，2022年实现干毛茶607吨，实现产值2314万元，共有各类茶叶加工单位97户，其中合作社1户，茶企5户，茶叶个体户91户，茶叶加工产值约6270万元。勐库华侨管理区先后在各居民小组建立了3个“侨胞之家”，发挥了重要的阵地作用。2023年1月，第五九居民小组的“侨胞之家”荣获全国侨联系统“侨胞之家”典型选树单位。

管理区发挥“侨”的特色，打造品牌活动，推广先进经验，侨区群众的获得感和幸福感不断提升。2021 年春节后，归侨群众响应管理区号召，主动向武汉疫区捐钱、捐物。管理区现在环境优美，百姓安居乐业，是远近闻名的打卡点。2023 年，还成功举办了全省侨联干部现场交流会和越南归侨回国 45 周年庆祝活动。

2021 年春节后，农场组织归侨群众向湖北捐钱、捐物

五、生活变化

刚回国时，我们除了身上穿的，也没有太多钱，可以算是一无所有了。回国在农场定居后，大人们参加劳动，按月到粮

库购买粮食，用粮票买粮食，用布票购买布匹，肉类是很少的，街上是买不到肉的，只有生产队每月供应一次猪肉，大家都争着要肥肉，供销社时不时还能买到腌猪肉。自行车、收音机、上海手表是富裕、时髦的象征。记得大哥从越南回国时带回来一辆自行车，可他从来都不让我们动，后来三哥买了一辆二手永久牌自行车，趁他不在家时，我偷偷地推出去学骑。1984 年左右，生产队有了第一台黑白电视机，由队长专门负责管理和开放。晚饭后，小孩子们就争先恐后地跑到电视机房门前等候了。在没有电视机以前，农场有自己的电影放映队，轮流着到各个生产队放映，那时我们除了能看露天电影外，最期盼的就是每晚上的集体看电视了。参加工作后，自己也买了辆二手自行车，后来慢慢就有了自己的黑白电视机，再到彩色电视机，到 2000 年以后就有了摩托车，再往后就有了自己的家庭轿车，有自己的洋楼，有了手机、电脑，等等。可以说，40 年来，生活年年有进步，10 年大进步，后 20 年与前 20 年相比，发生了翻天覆地的变化。

我在 2013 年和 2015 年回越南探亲，2013 年回去是为爷爷他们立碑。我每三年回马关老家上坟一次，我们这一辈有 50 多个，现在还有一个姐姐在柯街华侨社区、一个姐姐 1977 年就嫁到马关。我自己有一个儿子，今年考取云南省工商管理学院。

周会金全家福

周会金一家在包粽子（也叫捆绑粑粑）

1978年至2023年，整整45年。回想我亲身经历的这45年，刻骨铭心，一路走来，是祖国，是中国共产党给了我们一切！1978年，我们在国外受尽欺凌，流离失所，是祖国让我们重生，是中国共产党实行的改革开放政策和英明领导让我们过上温饱和安定的生活，走向富裕道路。

感恩伟大祖国！感恩伟大中国共产党！

1979年勐库华侨农场大门，门两侧写着：伟大祖国是华侨的坚强靠山，八亿人民是华侨的坚强后盾

祖国是我永远的家

许远凤

许远凤

被访谈者简介：许远凤，女，汉族，祖籍文山州西畴县，1976 年出生于越南老街省新马街县，1978 年随父母回国，1979 年 1 月，安置在勐库华侨农场；在双江勐库华侨农场茶山小学、双江勐库华侨农场中学读完初中后，考取云南省热带作物学校果树与茶叶专业。中专毕业后，先后在双江自治县勐库华侨农场茶厂、勐库华侨农场、勐库华侨管理区，双江自治县人力资源和社会保障局、双江自治县委统战部工作，任县侨联副主席、主席。

访 谈 地 点：临沧市双江县许远凤住宅

访 谈 时 间：2023 年 8 月 24 日

访谈和整理：毕娇娇　许远凤

祖国是我永远的家

许远凤

我家祖籍是文山州西畴县，爷爷、奶奶和外公、外婆都是在国内结婚后才到的越南，爷爷出生在云南省文山州西畴县，他在国内上过几年学。我回国的时候比较小，很多事都是后来听父亲说的。

爷爷当时（应该是20世纪40年代初）出国，主要是因为国内闹饥荒，加之动乱不断，爷爷想到外面寻找生活的出路，就偕奶奶跟随其他老乡一起到了越南新马街，住在人烟稀少的山上，自己开荒种地。

小时候听父亲讲，他们一家住在山里的房子是自己建盖的茅草屋，爷爷会做木工活计，他做农具、棺木卖了补贴家用。其他的就是在地里干农活。曾经有一次，爷爷外出没有回来，父亲和几个姐弟听到熊来“敲门”的声音，吓得躲在家里不敢出声，后来爷爷就搬家到人多的地方与其他老乡一起居住。

爷爷回到中国没几年就离开了我们，我对他的记忆很模糊，很多回忆都是从奶奶及父母口中得知。家中还保留一张爷爷的照片和他手写的子女出生年月。从照片上看，爷爷的穿着是典型的中国装扮，这种装扮现在只能从电视剧中看到，虽然在越南生活了那么多年，丝毫没有改变老一辈在中国的生活习惯。

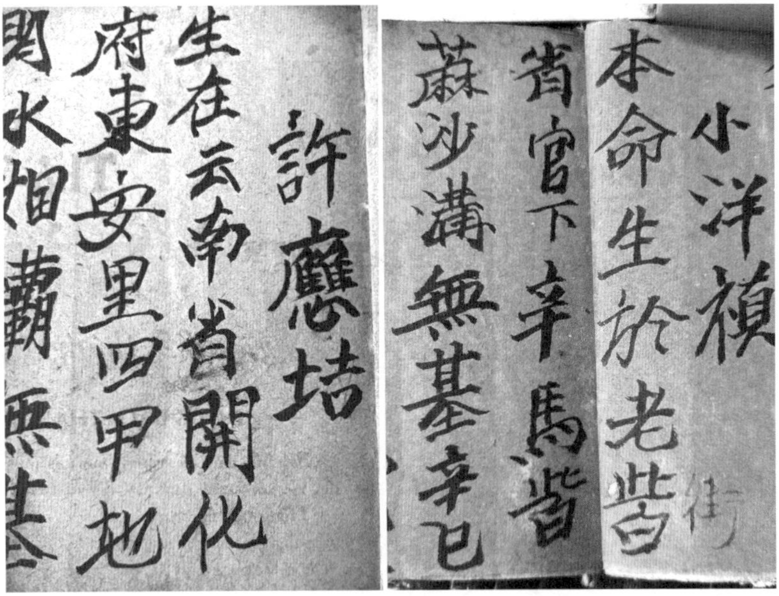

许远凤爷爷（许应培）记录的自己和家人的出生地点和生辰

1978 年，越南当局驱赶华侨华人。同年 11 月，我们全家及所有亲人都踏上回国的归途。当时，父母的兄弟姐妹都有了各自的家庭，爷爷奶奶与叔叔一家生活，还有一个残疾的奶奶，她没有儿女，同我家生活。那时，我的大哥 6 岁、二哥 4 岁、我 2 岁、妹妹刚满 40 天。二哥因为生病不能自己走路，我和妹妹更不用说，随时需要大人背着，加上眼睛看不见、腿也不能站立的奶奶，父母没有办法，只能请了一名当地的苗族大哥背奶奶，父亲背我和妹妹，母亲背二哥，大哥自己走路。经过两天，来到了云南省马关县的小坝子村，在这里住了几天，政府安排客车来接我们。当时交通还很落后，辗转了好几个地方，历时将近一个月，到 1978 年年底，我们一家终于来到了安置点——双江县勐库华侨农场。我们落户的日期是 1979 年 1 月。

许远凤全家福（前排右一为许远凤）

在勐库华侨农场，我们一家分了一间半房子，奶奶住在外面，爸妈参加农场集体劳动，吃大食堂。我记得家门旁边堆着农场分的奶粉，我们冲水喝，根本吃不完。

国家给我们送的物品，有奶粉、衣服、生活用品等，让我们有吃有穿，解决了温饱，直到实行家庭联产承包责任制，大家的干劲更足了，生活日趋美好。

记得我五六岁的时候，并不是每顿饭都有肉吃，有时很久才吃一次肉。跟我们生活的奶奶，因身体的原因，她的每顿饭都由我们兄妹抬去床边给她吃，吃到有肉的时候，她会把肉留在碗里，我们兄妹谁去给她收碗，她就让谁把肉吃了，但我们谁也不吃，告诉奶奶我们吃饭的时候都吃过肉了。其实我们明白，奶奶是心疼我们，想让我们多吃几块肉长身体。

许远凤（前排右四）小学毕业照

到了7岁该上学的年龄，我去学校报名，那个时候上小学叫小孩反手摸耳朵，我因为个子矮小，摸不到耳朵，学校不招收我入学。到了第二年，即1984年我满8岁才上小学一年级，正好遇上第一届小学六年制。农场有3所小学，华侨农场茶山小学、场部小学、茶林小学，我在茶山小学上学。小学毕业后，到华侨农场中学读书，学生全部是农场职工子女。1995年后，农场中学开始招收农场外学生，老师也有从外面调进来的。1993年，初中毕业，我考取云南省热带作物学校，学习果树与茶叶专业。读中专时我又遇上最后四年制中专，等中专毕业的时候我已经21岁了。省热带作物学校专业多，我主要学习茶叶栽培和管理，学校有实习基地和组培实验室，实习就在学校，曾经去勐海茶科所参观。双江去热带作物学校上学的人比较多，我们都是从小黑江出去先到思茅澜沧的上允再转车到思茅（今普洱）。

1997 年 7 月，我中专毕业，有幸享受了国家的统招统分政策，被分配到了勐库华侨农场的茶厂上班。开始在初制所收鲜叶，做蒸酶茶。蒸酶茶是一种绿茶，但它是一种加工方式比较独特的绿茶，因为绿茶在加工的时候都会经过杀青这道加工工序。杀青的方式有很多种，多数绿茶杀青时都以炒青为主，而蒸酶茶则是一种用蒸汽完成杀青的茶叶，因此它也叫蒸青绿茶，这种茶中茶多酚和活性酶的含量比较高。杀青后又用大滚筒揉、磨，所以蒸酶茶条索看着是白色的。那时茶厂上班对工人要求很严格，我们每天都要穿平底鞋，工资是每个月 100 元，上两天休三天，我还分了一间宿舍，下雨的时候只有放床的那边不漏雨，每到下雨天我所有的盆、碗、水杯全部用于接雨水。

许远凤在勐库华侨中学

许远凤（前排左四）参加云南省热带作物学校同学聚会

到 1998 年 2 月，我不想在茶厂上班就去曲靖投靠表姐，在餐馆打工，一个月后农场打电话给我说，农场准备种植“大黄皮”（一种药材），因为我是学农的，叫我回来管理，当时就是场部和外面的人合作引进的一个项目，后来是上当了，合作的人自己跑了。我回到农场后，场部把我安置在生产科上班，主要就是负责农场茶叶病虫害防治、茶地调整等工作，这时工资到了 300 元一个月。

农场建场以来，根据自然特点执行“以茶叶为主，农林牧全面发展”的方针。建成华侨农场后，国家投资连年对老茶园进行改造，同时发展新茶园。我也参与了农场发展茶叶产业的这个过程。农场到勐库镇千洪租了12亩地，试验种植无性繁殖的云抗10号，我全程参与了开挖土地到种茶、一年后采摘茶叶的过程。云抗10号试验成功后，又到丙山村发展，我们就住在山上的工棚里，种试验茶，施肥、管理。2005年，我报名参加公务员考试，买了复习的书，但在山上没电，几乎没有复习，所以考试的时候我没去。过了几个月，我回到场部生产科。2005年，农场危房改造，我被抽出来参加危房改造的规划、测量、抬塔尺，去一家一户丈量土地、划地。这次危房改造一共完成992户，包括归难侨和非归难侨，大部分是在规划区新建，一部分在原址维修加固，国家补助每人1.5万元。像我父母现在住的就是在原址上维修加固的，大哥二哥在规划区新建。

2009年，农场进行“三融入”改革，凡是农场职工45岁以下的参加考试，45岁以上不考试，按照企业职工转岗。当时全场符合条件参加考试的有15个，录取了12个，包括我和二哥。8月，我们都被录用为国家公务员。我在场部办公室上班，二哥任场部会计。我在办公室负责文件处理，党建、组织人事，办公室主任就是周会金。后来我又负责农场团委的工作，发展了很多团员。我经常到团县委开会，认识了县级机关的人，当时有同事告诉县人社局缺人，我就写了一封自荐信给当时人社局的局长，不久局长就亲自到农场来考察。2013年10月底，我收到调令到县人社局工作，11月正式上班，在办公室负责各项考核，包括党建工作、宣传、信息，任过军转股股长，党支部副书记。2016年3月，调任县委统战部，任侨联副主席、县侨办副主任并兼办公室主任，2022年任县侨联主席，兼任双江自治县委统战部办公室主任，5月，统战部提拔了一个侨联副主席后我不再兼任办公室主任。

双江归侨侨眷主要在农场聚居，散居的很少。2022年，我们争取到省华侨事务专项经费，在华侨管理区建立了3个“侨胞之家”，将社区党总支负责人、“侨胞之家”所在村组优秀党员、小组长推选为“侨胞之家”管理小组成员，由辖区党支部牵头，“侨胞之家”协助参与，用群众听得懂的语言开展国家政策、法律宣传，建立各类自治组织，协助推进侨乡文化、文体健身场所、绿化美化等项目建设。

比如五九组“侨胞之家”在党支部的引领下，“侨胞之家”成立5个管理小组，积极参与商定“居民公约”，以网格化管理模式，将基层社会治理责任落实到人。采取“三帮四访”工作法，确保“小事不出组、大事不出社区、矛盾不上交”。每月固定时间开展两次环境卫生大扫除，不来参加的交50元，大扫除除了日常的卫生外，如遇到需要机械或外力才能做的事，比如修剪大树枝等，就用平时大家交的50元经费开支，齐心协力建设“绿美侨乡”。归侨侨眷平时也会采用AA制的方式开展活动。2023年，越南归侨回国45周年联谊会就在农场举办，全省13个华侨农林场的归侨回来302个，很多归侨见面聊过往，话今朝，讲到动情处大家都热泪盈眶。

我们以党组织为统领，“侨胞之家”团结带领归侨侨眷因地制宜发展种植业和养殖业，在节庆日和农闲时节，组织开展文艺晚会、山歌会，常态化开展打歌、陀螺比赛等文体活动，丰富侨界群众的精神生活，引领侨界群众参与乡村振兴建设。以

“侨胞之家”“维护侨益法律服务站”为依托，紧紧围绕“党建带侨建，侨建促党建”的工作思路，联合云南博川律师事务所、勐库司法所深入勐库华侨社区开展法治宣讲、法治体检和“我为群众办实事”实践活动。

刚刚回国时，周边群众总是叫我们“老华侨”，那语气还带有一点歧视的味道。但现在，几乎没有人这么叫我们了，即使有人这样叫，语气中也没有了歧视，反而有一种亲昵的感觉。归侨已经完全融入了我们生活的这个地方。

想想回国 45 年来，因为回到祖国，我自己没有坎坷，农场的变化一年比一年好。父母如今都 70 多岁了，住在华侨管理区五九组，领着退休金，母亲闲不住，自己还种地，山上都是茶，水泥路可以直接通到茶山。妹妹在双江大文乡开了一个小餐馆卖早点。外公外婆当年回国被安置在文山州平远街华侨农场，我母亲那边 8 个兄弟姐妹，二舅自己做生意，生产微耕机，还要申请专利；小舅舅养蜜蜂，他们都生活得很好。

而今，勐库华侨农场已旧貌换新颜，可以说，现在的生活与刚刚回国时相比，发生了翻天覆地的变化。硬板路全部贯通到各个居民小组，家家户户住进了新房，黑白电视换成了液晶电视，家家有智能手机，很多归侨侨眷家庭装上了宽带网络。所有这些变化，都离不开祖国对我们华侨农场的特别关心和支持，让我们感到无比的温暖与幸福。

回顾回国 45 年，我从一名归国华侨到一名共产党员，亲历了祖国的发展变化，我深深地为祖国的快速发展和日益强大感到自豪和骄傲，也感到无比的庆幸。

华侨农场十八年

李小峰

李小峰

被访谈者简介：李小峰（已故），男，祖籍广东江门。1938 年出生于马来西亚，1960 年回国，1964 年毕业于昆明师范学院中文系，先后在昆明华侨补校、大理宾川宾居华侨农场、致公党云南省委机关、云南省社会主义学院、云南省人民政府参事室工作，2001 年退休。

访谈地点：昆明市李小峰住所

访谈时间：2022 年 4 月 20 日

访谈和整理：毕娇娇

李小峰

我出生在马来西亚雪兰莪州的新街场，距首都吉隆坡只有七英里，是一个小埠，规划整齐，呈长方形、象棋盘式的格局，恰似汉字“日”字。店铺顺着“日”字建盖，都是“骑楼”的二层楼房。街心花圃一律种上树，绿荫如盖，显得郁郁葱葱。新街场边上有一条公路。可上沙登（马来西亚雪兰莪州的一个城市），可下吉隆坡，有巴士行驶，交通极为便利。

我幼年的时候，太平洋战争爆发，日寇大举南侵，占领了马来半岛，新街场也成了沦陷区。记得那时满街都是荷枪实弹的日本兵，任意蹂躏妇女、儿童和平民，一片白色恐怖。为了躲避战乱，父母带着我们全家迁到彭亨州文冬的一个“山芭”（深山老林）。一起逃难的几户人家联合起来，砍倒大树和灌木，然后放火一烧，就在火烧地上种上旱稻、南瓜、冬瓜和豆角等。由于森林里土地肥沃，雨水充足，居然旱谷丰收，瓜果累累，因此，糊口不成问题。但由于是在原始森林中垦荒，瘴气浓重，蚊虫叮咬，不少人水土不服，开始生病。瘦弱的我就曾经病得死去活来，刚刚生下二妹妹的母亲也得了重病。为了治病，有时得到城里搞点药，或者自己就地采草药，或到附近找民间偏方。天无绝人之路，我们总算活下来，为了活下来，父母无可奈何地把我那幼小的二妹妹送给了当地一家马来人收养。几十年过去了，不知妹妹现在哪里？不知道她是否记得自己的亲生父母和哥哥姐姐。

我们一家度过了三年零八个月的逃难生活。1945 年，又搬回新街场居住。“二战”结束，日本侵略者被赶走，马来西亚成了英国殖民地。战争耽误了我们求学的机会，这时我和两个姐姐才开始上学。因母亲多病，家中贫困，两个姐姐过早辍学出来当学徒、打工，挣钱维持全家生计。不久，母亲病逝，家庭重担便落在父亲和两个姐姐身上。虽说家境不好，但父亲和姐姐还是决心让我继续读书。我读的是新街场圣功学校，后转光汉学校，小学毕业后以全校第二名的优异成绩考上吉隆坡尊孔中学。最后，终因家贫辍学，开始做学徒。

马来西亚华文教育具有优良传统，华人热心教育和办学，华文学校很多。如吉隆坡有著名的“尊孔”“坤成”“中华”“循人”等学校，我先后就读的“圣功”“光汉”“尊孔”，从其名可见是“重儒尊孔”“光我中华”用意。这些学校不仅教学质量高，而且还以“抗日”“进步”的思想培养了一批又一批的热血青年。

马来西亚华人约占总人口的 40%，华人社会以广州话、客家话、潮州话、闽南话和海南话作为交流工具，普通话是华人社会的通用语言。同时，为了能与马来人、印度人交往，英语和马来语又成为各民族沟通的桥梁。我从小在家讲广州话，到学校讲普通话，在新街以讲客家话为主，后来到巴生当学徒，巴生以讲闽南话为主，我也学会了一些闽南话。1957 年，马来西亚独立后，全国以马来语为主，我也学了一些马来语。

开始我在烧焊厂当学徒，后到金铺当柜面学徒。有一次，我去参加“五一”工人的聚会活动，回来被老板开除。我后来到了吉隆坡，在一家印刷厂当学徒工，业余时间参加进步的读书会。生于忧患和贫困，在不平的人世间谋生，加上进步书籍的熏陶，使我早早萌发了不满于现实，向往幸福和光明的强烈愿望。那时读《高玉宝》使我知道了什么是剥削和压迫，《钢铁是怎样炼成的》使我向往做一个坚强的革命者。

由于参加进步的政治活动，我被当局通缉，为了逃避当局“大逮捕”，我辗转于新加坡和马来半岛之间。两三年时间，我在漂泊和流浪中度过。看到中华人民共和国成立后发生的变化，我坚定了回到中国的信心。1960 年 8 月 20 日凌晨，我乘坐的“山哥拉”号船停泊在中国香港维多利亚港，随即我登上九龙开往深圳的列车，在深圳验关，稍事休息后，当天晚上到了石牌广州华侨补校。回到祖国，当我看到飘扬的五星红旗，眼泪禁不住夺眶而出。那一刻，我犹如囚徒获得了解放，我们一群年轻的华侨相邀在“把青春献给亲爱的祖国”标语前留影，表达我们的心志和决心。

一星期后，我服从祖国分配，踏上赴云南的旅途。经过在昆明师范学院短暂的补习，我没有高中学历却以同等学力考上了昆明师范学院中文系。党和政府让我圆了大学梦。四年大学学习中，我经受了困难时期物资匮乏的艰苦生活考验。1964 年，我以优异成绩圆满完成学业，大学毕业。1964 年 10月，国家分配我到昆明华侨补校工作。

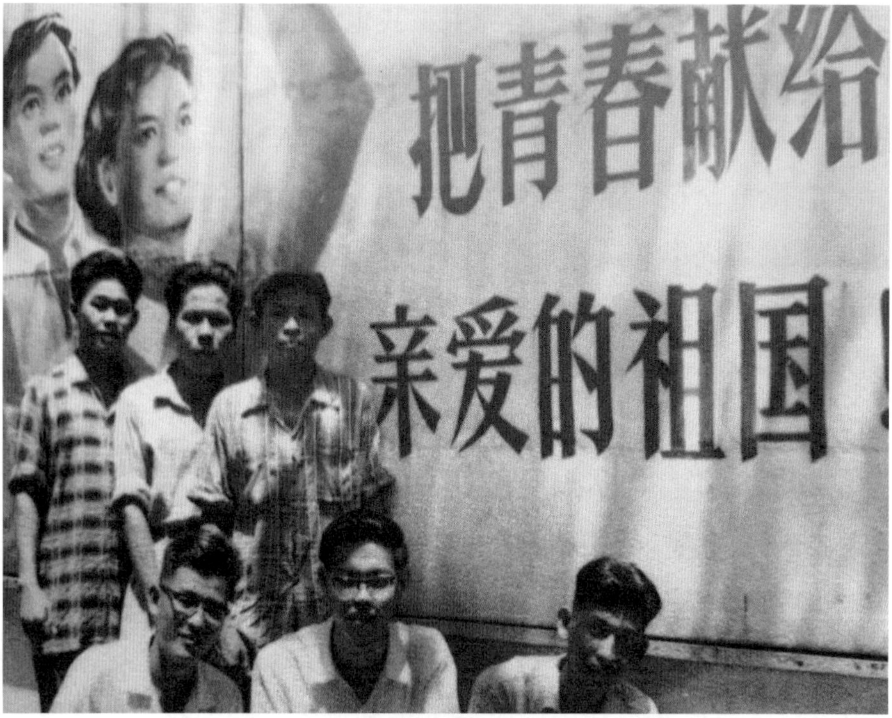

1960 年在深圳火车站留影，前排中为李小峰

1965 年 9 月，我被派往大理州宾川县的宾居华侨农场任“社教（四清）”工作队员。1966 年，“社教”结束，“文革”开始，我被留在农场任中学负责人。这一留就是十八年。在十八年的风雨中，我把青春献给了农场。

1970 年，云南生产建设兵团独立三团组建，我先是被调到团部政治处当宣传干事，后又在二营（就是宾居农场）组建团办高中班，回到二营学校担任班主任。学生由宾居、太和两农场招收，学生质量不错，加上领导调来精兵强将，认真管理和教学，这批学生在国家恢复高考后，不少人考上了大学，后来大都成为单位的骨干力量。

1974 年，兵团撤销。由于宾居、太和两个华侨农场委托宾川一中招生和代办一个侨生高中班，县里要求农场也相应派出教师、行政和后勤参与宾川一中学校管理和教学。当时，宾居华侨农场派我、蒙绍养和温伟伶三人到宾川一中工作。我与蒙绍养老师分别担任十八班、十九班班主任，我是这两个班的语文课老师，蒙老师教数学。我们在宾川一中的教学和工作得到肯定和赞扬。一年后，我们即返回宾居农场。

回到农场不久，由于越南排华，大量越侨被安置在农场，接侨工作成了当时农场的当务之急。在这种情况下，农场学校增设分校，扩大班次，吸收了一些归侨老师。一时间，学校人多了，规模扩大，相当热闹。

1981 年，省侨办鉴于全省各华侨农场语文教师数量不够，教学质量也不高，特别是初中语文教师缺乏，决定在昆明华侨补

李小峰（左二）和友人合影，左四为歌唱家叶佩英

校举办初中语文教师培训班，学制为一年，主要是速成应急。在这种情况下，我受聘为现代文学作品选讲课教师，回到昆明工作。通过一年的授课，我把讲义汇编成《现代文学作品选讲》。

记得那时农场学校教师中有很多教书育人的好老师。其中，特别令我尊重和怀念的是王汉晖老师。王老师是从缅甸回国来到农场的，当时农场书记李景桂同志口头通知我，王汉晖老师是缅甸华侨学校的校长，是党员，王老师到农场学校担任校长。我第一次见到他的印象是清瘦的面庞、花白的头发、朴实的衣着，俨然是一个历尽沧桑的老知识分子模样。在以后的共事中，知道他当时年龄不小，与我的父亲差不多。他虽年长，但对人没有架子，和蔼可亲，对工作不怠慢，认真严谨；他的书法很好，写得一手很工整的毛笔字，凡是学校有大小活动需要写字的都是由他来写。后来，我们了解到他的弟弟是王汉斌，弟媳是彭珮云，但是他从来不声张，也不以此倨傲。由此，大家都很尊重他、敬重他。80 年代初，王老师积劳成疾，终因医治无效而与世长辞。

我在农场十八年，教书是主要工作，其次我还担任过兵团二营干事，做领导安排的其他工作，把领导讲话稿翻译成归侨听得懂的广州话，与农场职工联系密切，特别与归侨学生交往较多，大家和睦相处。

1983 年，我工作调动到致公党云南省委，在机关做党务工作，参与了致公党云南省委的前期筹备工作。作为一名党外干部，通过平时日积月累的工作，我积极为加强云南与马来西亚的联系、联络和交流牵线搭桥。

李小峰（中）和马来西亚著名侨商陈凯希夫妇合影

1990 年 10 月，我调到省社会主义学院当任教务长，1996 年，根据组织安排，我调任省政府参事室副主任，这期间，我曾于 1994 年和 1997 年前往马来西亚探亲，2001 年退休，安享晚年。

我的华侨人生

黄玉楷

黄玉楷

被访谈者简介：黄玉楷，男，汉族，1959 年 11 月生于越南广宁省八者县，1978 年 6 月回国，先安置在云南省西双版纳州勐腊县勐捧农场二分场；1979 年 2 月迁居保山地区昌宁县国营柯街华侨农场。1990 年 3 月被任命为国营柯街华侨农场副场长，2009 年调任昌宁县政协机关工作，先后兼任昌宁县政协第四、第五、第六届副主席，保山市第一届人大代表，保山市归国华侨联合会副主席，并先后获“全国归侨侨眷先进个人”“云南省归侨侨眷先进个人”、保山市“统一战线工作先进个人”等荣誉称号，2018 年退休享受正处级待遇（非领导职务）。

访 谈 地 点：保山市昌宁县柯街华侨社区黄玉楷住宅

访 谈 时 间：2023 年 3 月 30 日

访谈和整理：毕娇娇

一、越南记忆

我家祖籍是广西防城港的，听老辈人讲是清朝的时候到越南去的，到我这一辈已经是第三代了。1959 年，我出生在越南广宁省八者县，父亲念过书，算是有文化的，在法国占领越南时期他曾经当过伪县长。我从小无忧无虑长大，完全不了解当时越南社会的满目疮痍，到了 1964 年，我刚满 5 岁，懵懵懂懂只记得经常有美国飞机来轰炸，白天在山里办公、生产、读书，只有到晚上，美军飞机不再出动了，才能回家过夜。

记得那是 1967 年 7 月某天傍晚，天气异常炎热，蚊虫也特别多。我和两个姐姐刚从山里防空棚回到集镇家中，突然听到上空传来了一阵巨大的飞机发动机的轰鸣声，仰头向天上看去，正好看到一架美军喷气式飞机向下做俯冲动作，“嗖”的一声从我们头顶呼啸而过。随即，只见两个黑乎乎的东西带着尖锐刺耳的啸声从飞机底部脱落下来，懵懂无知的我还拉着姐姐的手，欢快地说：“飞机下蛋了，飞机下蛋了……”还没等我高兴完，不远处传来的震耳欲聋的爆炸声很快将我的欢呼声掩盖，大地也随之颤动起来，紧接着不远处的天空中升起了两团火球，附近房屋的屋顶也被爆炸气浪扬起的沙石打得千疮百孔。此时的我已经被这震撼的场面吓得面色苍白，站在原地呆若木鸡，竟然连哭都忘记了。

1967 年 9 月至 1972 年，我在东方汉文小学上学，其间不时会有飞机从头顶的天空呼啸而过，也不时会听到远处的爆炸声。我也从一开始的好奇到惊恐，再到后来的习以为常。白天上山，晚上回家，就这样我在山里的学校和防空洞里度过了 5 年的童年时光。

我在东方汉文学校小学毕业接着读越文初中，初中毕业考取 7+2 师范学校，因父亲当过伪县长，政治审查不过关，没读成书。到了 1977 年 5 月，当地政府要成立地方武装预备役部队，急令征召适龄青年入伍集中训练，主要目的是以备战争急需时能及时派上前线。当时我刚满 18 岁，各方面条件基本符合征召标准。母亲听说后很着急，害怕我真的被征兵后上了战场，就到处托人找关系帮我出体检不合格的假证明，以便让我逃过一劫。然而我最终还是没能幸免，和全县 200 多名适龄青年同时被征召入伍。接到通知的当晚，极其疼爱我的母亲整整哭了一个通宵。5 月 20 日，天还蒙蒙亮时，就得匆匆收拾行装奔赴集训营地，开始我一生最难忘的艰苦岁月。

训练营地设在一片荒无人烟还未开垦过的地方，距离县城约 50 公里。营地四周全是荒山野岭，方圆几十公里无人居住，水、电、路基本未通，部队的给养全靠人背马驮才能运进来。营地与外界的联系仅靠一台大功率的无线电台，营房全是用当地的竹子和茅草搭建而成。驻扎进营地后的第一项任务便是开通公路，无装备无机械，全靠锄头挖和人工搬运，额定每人每天不少于3个土石方。几天下来，从未从事过如此超负荷劳动的我们，每个人都是手起茧子，脚起血泡，周身疼痛，四肢无力。然而，更难以接受的是劳动的累还远不如伙食方面的苦，直到现在对于那段往事我仍然觉得不堪回首。

那时，每人每月口粮定量为18公斤，但杂粮所占比例高达80%，大部分是面粉、面条、小麦等，每天早上安排约二两面团，中午和晚上安排一菜一汤加两碗杂粮饭。对于从小生长在稻米之乡，吃惯米饭的我们，刚入伍那几天甚至觉得连吃饭也成了对我们的一种考验。但是没过几天，在超强度的劳动过后，每个人都无一例外地饿得前胸贴后背了，在饥饿的驱使下，即使伙食再怎么不堪，也都能狼吞虎咽，一扫而光。奇怪的是每次饭后总感觉腹中仍有大量空间没被填满。每晚都是与饥饿一起入睡，清晨与梦中美食和出操集合的哨声一起醒来，就这样在疲倦饥饿与美梦的伴随下度过入伍服役那漫长的每一天。

记得某一天，天降大雨，山洪暴发，全营休息。几个年轻人觉得肚子空空如也，饥饿难忍，便邀约向上级请假到山外村民处购买点木薯充饥。行至河边，发现一夜的大雨已使河水水位暴涨，河水夹杂沙石轰隆作响，横在众人面前，如要到达对岸的村寨就必须冒着生命危险涉水渡过湍急的洪流。当时也许是年轻气盛，加之腹中饥饿难耐，不由得激发出一股强烈的求生欲望，众人竟不顾危险，脱衣下河。幸得我们一行人都是从小在河边长大，水性都还不错，方能泅渡到对岸，最终换来久违的一顿饱餐，也留下了一段终生难忘的记忆。

二、回国个人经历

1978年7月3日，我随家人一起回到祖国。我们先是被安置在西双版纳州勐腊县勐捧农场二分场。1979年10月，国家第二次安排我们到了保山昌宁县的柯街农场。在柯街，国家安排了房子，我先是种地，后来当裁缝缝衣服，在生产队当统计员，那个年代就是吃大锅饭，大家一起敲钟上工，吹哨吃饭。我在生产队工作到1980年，就自谋职业，卖过猪和水果，1986年柯街糖厂筹建招工，我考试成绩靠前进入糖厂工作，学锅炉技术，由于我工作踏实努力，时间不长就当了锅炉车间主任，1988年担任糖厂副厂长。

在糖厂工作的几年间，有一件事对我影响特别大。那是1987年，柯街华侨糖厂的第二个榨季的某个夜晚，刚刚建成投产的柯街华侨糖厂和往常一样有条不紊地进行生产，突然锅炉车间汽笛发出令人毛骨悚然的警报声，掩盖住厂房机器的轰鸣声。一些不明真相的临时工和糖厂当班工人，都以为锅炉要爆炸。这一消息不胫而走，很快便传遍了整个厂区，许多当班的工人都惊慌失措不顾一切地往糖厂门外跑。当时我已经下班回到距离糖厂两公里的家中，刚刚躺下休息，迷糊中听到糖厂方向传来从未听到过的汽笛声，我马上意识到情况不妙，要出问题了，来不及跟家人说，推起自行车，在伸手不见五指的夜幕里向厂区方向疾速骑去，不一会儿就来到了糖厂大门口。看到门口许多人神情紧张，不停向厂区里张望打探，来不及多问，我把自行车扔到一边，直奔车间。进入车间简单查看后，立马召集当班司炉员了解情况，应该是锅炉缺水导致，缺水原因不明。虽然当班的司炉员在故障发生后已按操作规程进行紧急停炉，但如果不能及时查明原因，排除故障恢复生产，将给糖厂带来重大的经济损失，还可能给广大糖厂职工，特别是锅炉车间职工造成严重的心理恐慌。在紧要关头，凭着所学知识及工作经验，来不及请示领导，我便当机立断，指派相关人员对锅炉供水系统、炉内水位及相关部位进行详细排查。排查情况很快汇集到我这里，发现是供水系统中一个阀门发生故障，导致除氧水箱缺水，进而造成锅炉缺水。随后，我带领技术人员赶去排除故障，故障排除后报请厂级领导同意，立即组织当班工人重燃锅炉。经过两个小时的紧急处置，锅炉车间终于可以投入正常运行，为糖厂降低经济损失、挽回社会声誉起到了积极的作用。

回想这起事故，对于当年仅有不足两个月的实践操作经验的我来说，能够做到临危不乱，处理得当，没有造成重大经济损失和人员伤亡是幸运的。但如果在前期的理论学习中不认真，在实践中不努力，在师傅的指导下不钻研，我会不会也像其他员工一样惊慌失措、避之不及呢？通过这件事，我懂得了这样一个道理：凡事只有努力学习，认真钻研，细心实践，才能掌握其中规律，当危机发生时，才能有效找到化解危机的办法。这对我以后的工作起到了深远影响和积极的作用。

1990年，我被调动到农场场部工作。当时，正值农场改革，华侨农场由原来的省侨务处直管下放到保山市，1997年到1998年，农场开始办社会，医院、派出所、学校交由农场管理，压力很大，还有糖厂、砖厂、贸易公司，要承担农场员工退休金、医疗保险，一年就 150 多万元，农场要负担这些压力非常大。于是，1994 年，农场又开始下一步改革。

回想我在农场工作期间，1980 年开始第一轮土地承包改革，当时我参加的土地分配，没有按照好坏搭配来分，土地搭配不好，方案是不完美的。糖厂后来改制，2002 年停产，200 多名员工面临吃饭问题，安置员工方法简单，思想工作没做好，发生工人集体围攻农场领导。2009 年，农场再次改革，所有权限交给昌宁县委、县政府管理，当时按照老人老办法，超过 50 岁的场部领导由保山地区行政公署任命，我就到了昌宁县政协，连续当了三年昌宁县政协副主席，2018 年退休，享受正处级待遇。

1993 年，黄玉楷（左一）在农场大门和场部领导及相关人员合影

三、改革促发展

柯街华侨农场自建场以来，到2009年改革后，从一个国有农业企业，到完全融入地方政府管理，成立华侨社区，建立全新的管理机制，成功带领广大侨民开创新的生活，切实增强归侨“归属感”。经历了30多年不断的改革探索之路，凝聚了各级党委、地方政府和广大归侨的无限智慧。

农场建场30多年以来，先后经历三次较大的体制改革。第一次是在1988年，当时农场是由省侨办直管，带有企业性质的事业单位。

黄玉楷（右一）陪同宾川县委书记李重金（左一）到农场考察，左二为场长、书记彭才秒，右二为纪委书记刘治生

第二次改革是在1997年，作为全省13个华侨农（林）场改革试点单位之一，改革的重要内容包括：华侨农场是昌宁县人民政府管辖内的农业企业，实行政企分开。将原农场内设的

学校、医院、派出所成建制交由地方政府统筹，由于地方政府重视，以及改革方案切实可行，所以进展比较顺利，成效明显。一方面解决了农场经济负担过重所带来的影响（每年500多名退休职工的工资）；另一方面解决了学校教学资源不足，医院因经费困难造成缺医少药等问题，避免了许多不安定因素的发生。为农场轻装上阵，发展经济创造了良好的条件，同时也为全省农场2001年全面改革提供了宝贵经验。

第三次改革是从2009年开始到2011年结束。具体由省政府确定改革方向，地方人民政府提方案，省政府批准，最后由地方人民政府具体实施。这次改革的主要目的，一是侨场的管理体制实施“三融入”，即“管理融入社会，体制融入地方，经济融入市场”；二是利用这次改革的政策，彻底对归侨的危房进行全面改造，让广大归难侨切实从心底上感受到改革带来的好处。三是将华侨农场改建社区后，所属的生产生活硬件设施纳入地方政府统一规划、统一上报、统一建设，确保改革结束前有较大改观。在改革实施过程中，昌宁县委、县政府领导非常重视，先后多次来场调研，召开现场办公会议，着力解决改革过程当中出现的困难和问题，确保改革各项工作顺利推进。加之县直部门和柯街镇党委政府领导的思想认识统一，工作措施扎实到位，改革成效比较明显，进展十分顺利。到2011年年底基本完成这次改革的主要任务。一方面对原侨场的管理人员按照这次改革出台的政策进行妥善安置，消除了不稳定因素。另一方面改革不仅彻底改善了广大归侨的住房条件，还使场内的生产生活设施有了较大改观，现在全场归侨侨眷都已过上安居乐业的幸福生活。

黄玉楷全家福（1988 年）

对于一个全程亲历华侨农场改革的见证者和参与者，我完全有理由相信，未来华侨社区在各级地方党委政府的关心带领下，通过社区群众的共同努力，广大归侨侨眷都能过上祥和安康、美好幸福的新生活。

平凡一生

代晓初

代晓初

被访谈者简介：代晓初，男，祖籍云南宾川县，1954 年出生于越南莱州省原大甲县大青塘街。1978 年回国，在宾川华侨农场工作，1979 年参加对越自卫反击战，1981 年退伍，2014 年退休。

访 谈 地 点：云南省宾川县金牛镇代晓初住所

访 谈 时 间：2021 年 11 月 28 日

访谈和整理：毕娇娇

一、回国

我祖籍就是宾川县的，祖公那一辈就从红河的金平出去到了越南谋生。1954年，我出生在越南莱州省原大甲县大青塘街，当时的大甲县大部分是华侨华人。8岁时，我在大青塘小学上到四年级，后到县城读初中、高中一共8年，高中毕业的时候我已经20岁，在大青塘街上做小生意两年。1969年，越南当局不准华侨学中文，1975—1976年，越南的报纸上就陆陆续续地发出公告，要华侨写申请加入越南籍。1978年，情况越来越不好，很多华侨要求回中国，我们街上第一批有17家回中国，我、大姐、二姐、妹妹、弟弟回国，三姐因为在当地已经结婚，而且她老公是当兵的，无法回国，父母在越南的时候就离开了人世。1979年又有一批华侨回国，那个时候是以到外地垦荒的名义偷偷回国的，我的孃孃一家就是从越南十八坪到西双版纳，后来到了昌宁柯街华侨农场。

我记得我们一家从大甲县到了莱州省，坐班车到老街，顺着南溪河走到半山腰，再到火车站到了河口县，河口县用手扶拖拉机接我们回来，在河口街上暂住了18天左右，我们全家上了火车经4天3晚到昆明，再由昆明坐3天客车到了宾川。回到宾川，我被安排在太和华侨农场二队。我们到农场的时候，国家已经建好房子，当时是按人口分，一间房子80~90元。

二、在太和华侨农场工作

1978年4月10日，我休息了一个星期后，被安排去宾川城守水沟，那时整个宾川城都很缺水，种庄稼靠天吃饭，雨水好就可以栽秧。8月20日，场部通知年轻人可以体检参军，我就报名参军。

1980年，我从部队回家探亲结婚，夫人也是越南归侨。1981年9月30日，我退伍转回宾川华侨农场二队工作。1981年11月，组织安排我在二队食堂当粮食保管员。

农场种粮食，大春作物有水稻、玉米、高粱，还种蚕豆、小麦等，也种很多经济作物。农场成立五个农业经济区、五个服务公司（商业、工交、基建、农牧、供销）和一个集体性质的服务公司。3月，华侨农场场部调我到太和华侨农场四队加工香料油，用农场自产的“摸摸香”加工。也就是从1985年开始，农场经营方针在保证粮食够吃的前提下，调整作物种植面积，种植香叶、烤烟、甘蔗等经济作物。农场职工实行家庭承包、自主经营、自负盈亏、工资脱钩，上缴“三费”（每个职工每年缴86元）。

代晓初（前）拉香料去加工，后排两位分别是越南、印度归侨

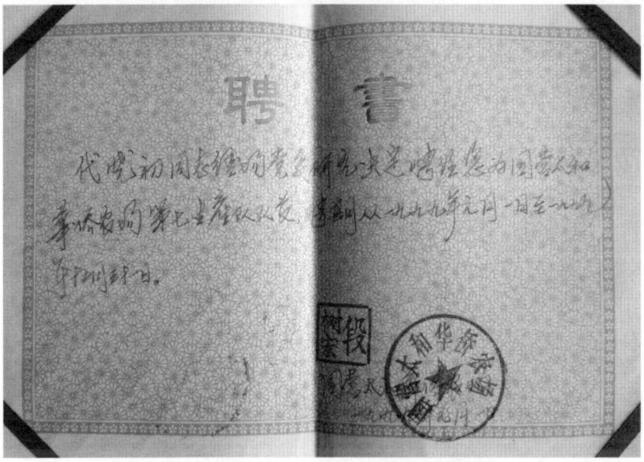

聘書

聘书

1985 年，代晓初夫妇回农场二队

1986年，加工香料的小工厂撤销，各家各户自己买锅炉加工，那时香料油很好卖。后来，农场把土地承包给各家各户，我就开始务农。1999年，我担任七大队队长。那时承包土地按照3亩/人来分，土地有好坏之分，有水源或离水源近的是好地，没有水的是差一点的土地，大家都靠抽签来决定。承包费是7.5元/亩。1984年，土地分配到每家每户。1986年，土地的分配按照职工每人3亩，家属每人1亩，3亩以内不出承包费，超过3亩的要付承包费，23元/亩作为议价土地，并逐年增加。到2013年，农场15个队，议价地到了每亩330元（义务工每亩230元），责任田每亩21.5元，自己开荒改良的每亩缴纳100元，义务工加到每亩230元，与此同时，农场开始住房制度改革，一部分职工购买了住房，到了1994年，农场按照每人7.5平方米分房，若是家里人多的房屋不够，需要多买的，按照每平方米33元；1996年，我家花了600元买了两间房。

农场还有义务工，主要用于田间设施修缮。义务工归华侨社区使用，要到镇上申请。一年土地承包费大约120万元归镇上，还有一部分土地由镇上承包。原来农场的9队、10队、14队土地被征收，三队的场员统一安排种地，满18岁给宅基地，有的生活还是很困难，国家给低保。以前，像我一样当队长的是以工代干，退休后这个身份得不到认可。

2000—2001年，场部调整七队队长，我到场部党办工作了一段时间，2012年重新担任七队队长。2010年，七队、八队成立龙竹棵支部，我担任支部书记，2014年退休，但支部书记一直担任到2021年4月。1999年，农场改制，划归为宾川县金牛镇，农场改制场员1000多人。到2000年，农场种植方向发生变化，以种植水果为主，粮食种植以玉米居多。1980年12月，农场成立侨联。1984年，我任华侨农场七队侨联委员。1997年，我担任七队侨联小组组长。

农场改革后，华侨社区只有水费改革转移支付、责任田承包、议价上缴的经费。根据国家相关文件规定，柳家湾华侨社区120万元资金，其中60万元用于饮水改造，60万元按照527元/人分给场员（包括干部、群众），家属在16岁以上的421元/人，一次性给了三年，即2007年到2009年，到现在还是这个经费。那时整个场部有4000多人，到了1999年3700人左

代晓初夫妇

右，现在社区不到3000人，原因是老人逐渐离世，人口减少。而在行政村，除了有人头经费、粮食补贴以外，60岁以上老人还有一定补助，当过兵的也有补助，有的还有农村集体经济收入、农村合作医疗等。原来农场的7家工厂现在属于镇上所有，但社会管理事务在社区，包括收税、纠纷调处，原来场部管理人员有50人左右，现在华侨社区只有5人，有总支书记兼主任，两个副主任，一个监督主任，一个秘书，每人月工资约3000元，我的大儿子就在柳家湾社区当监督主任，小儿子在欧亚公司上班，两个儿媳都有不错的工作，我和老伴分别帮忙照看两个儿子的小孩，也算是安享晚年了。2012年，我到越南看望姐姐，看到她们生活远不如我们，我很庆幸回到中国。

作者在代晓初家访谈

如今，对于归侨来说，有国家给的退休金，有的还继续在种地，种水果，有的外出打工，很多盖起了大房子，生活是不错的。但也有一个问题就是农场改革后，年轻一代人的谋生问题。比如，我们退休后养老保险是国家给的，现在的年轻人要自己缴纳，如没有好的职业，缴纳都成问题，这个就要靠老归侨一代教育好子女，靠自身努力改变生活。

我的经历

黄观生

黄观生在居住的房屋前

被访谈者简介：黄观生，男，1945 年 11 月在越南清化省出生，祖籍广西防城。1968 年在越南广宁省汉文师范学校毕业，1978 年 8 月回国，被安置在陆良华侨农场工作。1992 年任云南省曲靖市侨联委员、陆良华侨农场侨联主席，先后任云南省侨联第六届委员、陆良县政协委员，曲靖市第三届侨联常委，曲靖市第一届政协委员，2005 年退休。

访 谈 地 点：曲靖市陆良县华侨农场黄观生住宅

访 谈 时 间：2021 年 5 月 16 日

访谈和整理：毕娇娇

我的经历

黄观生

一、农场生产生活

我的父母是广西防城人，应该是祖辈就到了越南清化省。清化省位于越南中北部沿海地区，现在是越南著名工业基地。我 1945 年出生，在清化上完小学和初中，1968 年考取越南广宁省汉文师范学校，毕业后留校任教。1970 年，回到清化省当工人，在一个合作社做水文测量工作。1971 年结婚，养育 4 个小孩。

1978 年，越南排华，大批华侨华人被驱赶，我也随着回国的华侨一起回国，辗转到了河口，带着一家人从河口入境，被安置到了陆良华侨农场六队。在六队种田，月工资就 30 多元钱，种水稻、高粱、向日葵、蚕豆等。1979 年，任六队副队长，我们那个队都是缅甸、越南、印度、老挝归侨。1983 年，土地承包到户，我家分了 8 亩；1986 年，我任农场蔬菜队队长；1991 年，任陆良华侨农场第二届侨联主席，侨联是 1981 年 9 月成立的。

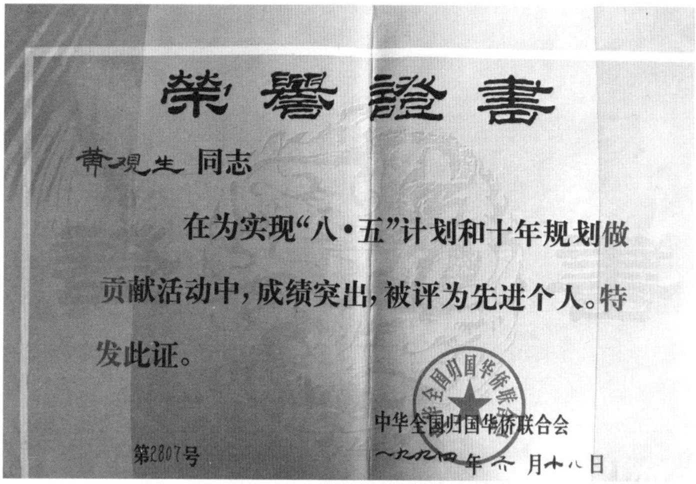

黄观生获中国侨联表彰

华侨农场地处陆良县坝区中部，原是1953年初建立的县办农场。1954年10月，经西南行政委员会农林局、省委省政府批准建立的国营陆良机械化农场，由省农业厅主管。1956年3月，在师宗县的海宴、长街两地建立两个分场，后因管理不当于10月划出。1957年3月，国家农垦部部长王震视察陆良机械农场，决定调整经营方针，同时更名为国营陆良牧场，归省农垦局主管。1963年5月，为安置印度归侨，国营陆良牧场被改为国营陆良华侨农场，由中侨委领导，委托省侨务处管理，先后零星安置印度尼西亚、日本、老挝等归难侨。在这期间，大约1970年，成立云南生产建设兵团，陆良华侨农场改为云南生产建设兵团独立第四团，1978年，为了安置我们越南难侨，恢复国营华侨农场，划归省侨务处主管。

陆良坝子是云南比较大的坝子，生产条件较好。1978年，为安置大批回国的越侨，建盖住房，配备安家物资、补助生活费用，添置农机具，新修水利，发展多种经营和兴办文教卫生事业，使得我们归侨很快安下家来。

农场实行场部、生产队两级管理。场部有行政办公室、经营管理办公室、保卫科等。生产经营单位有农林生产队，有小学、中学、幼儿园和医务室，医务室在1979年扩建为职工医院，医院还为附近农村提供服务，受到附近农村群众好评。农场有电影放映组，建有电影院、图书室、运动场，为群众文体活动提供条件。

为美化农场环境，1979年开始，农场坚持分段专人负责，引进速生高产树种，进行路旁、沟渠旁、池塘旁、住宅旁绿化造林，栽种圆柏、杉树、桉树、白杨树等，农场主要道路、沟渠旁绿树成荫，有效起到防风、改善生态环境的作用，得到国侨办、省、地、县的表彰。

1980年，农场从实际出发，确定“以畜牧业为主，重点发展养兔、养鱼，积极发展工副业，农牧结合，综合经营，全面发展”的方针。在种植业上，利用水源，扩大水稻面积，提高粮食产量，在生活用粮自给的情况下，增加饲料和工业用粮。努力提高单位面积产量，拿出耕地种植烤烟，扩大青饲料栽种面积。改造和扩大人工养鱼塘，使人工养鱼发展很快。引进和培育优良兔种，扩大发展养兔业。畜牧业生产贯彻公私并举的方针，调动了积极性。随着生产的发展，群众生活得到逐步改善。1980年，职工人均年工资571元，1987年，人均年收入有1178元。1987年年初，农场进行职工住房改革，有150户左右折价卖给职工，产权归职工所有后，很多职工自己修缮、扩建，居住条件得到了显著改善。

二、学在广宁师范学校

广宁省在越南东北部、中越边境，东临北部湾，与中国广西防城港市接壤，辖下龙市、芒街市、汪秘市、锦普市4个市和东潮、安兴、先安等8个市县。现在是越南北部重点经济开放地区，是越南最大最重要的工业中心及旅游中心之一。

1945年八月革命之后，越南北方解放，广安省与海宁省合并为广宁省。1945年，为了尽快稳定人心和社会秩序，广宁省政府主张在华人聚居的县、市成立华文学校。要办学校，首先要解决师资问题，最初的教师是当地的华人知识分子。他们或主动应聘或经人推荐，有来自芒街、河桧的，但师资缺口仍然较大。在这种情况下，有很多外地教师都到广宁任教，大多数是河内、海防、谅山的华人，还有从广西桂林师范大学毕业来支教的，有越南师范大学和河内华侨师范学校毕业的。到1966年，外地到广宁支教的华文老师有200多名，他们为广宁华文教育贡献了自己宝贵的青春年华，把自己学到的文化、科学知识传授给广宁华人子弟，特别是把普通话在广宁的华人中间推广开来。1967年后，广宁省自己培养华文教师，在芒街、河桧曾经办过师范班，培养汉文小学老师，但不成体系，也不连续。1965年，正式成立广宁汉文师范学校，校址本来在芒街，后因越南当时正处在战争年代，为了安全起见，疏散到河桧县河桧农乡第七村。当年招生四个班，两个中师班和两个初师班，学制三年，分文理科。1966年扩大招生，单这一年共招生六个班，两个中师班和四个初师班，招生人数和规模都空前绝后。1967年招两个班，1968年招一个班，1969—1970年招了3个班。广宁汉文师范学校1970年年底搬回芒街与越文师范学校合并，改名为广宁第二师范学校。一段时间后，师范学校再次搬迁到东潮县与越南第一师范学校合并取名为广宁师范学校。在这期间，学校仍有华人子弟就读，但没有中文课，全部是实行越语教学。

1972年，广宁师范学校结束历史使命。虽然建校只有短短七年时间，但为越南培养了很多人才，为越南建设发挥了作用，1978年，越南政府排华，有很多老师和学生漂洋过海分散到了世界各地，努力工作，逐渐融入居住国，过上了安定的生活。2015年，广宁师范学校校友暨广宁教师联谊大会在广西东兴召开，我去参加，见到很多老师、同学，无限感慨。

三、晚年生活

2000年，根据《云南省人民政府关于全面推进全省华侨农（林）场深化经济体制改革的通知》（云政发〔2000〕211号）精神，陆良华侨农场属“县属县管”的农业企业，场办学校、医院、社会治安等已划归县职能部门归口管理。2009年3月13日上午，县委、县政府在陆良华侨农场举行了陆良华侨管理区管理委员会成立揭牌仪式。

我现在和老伴仍居住在农场最早的房子，帮儿子照看孙辈。农场改革时分到每个人的地很少，因农场由一部分土地承包出去给外省人，前些年种朝鲜蓟。2009年农场改革后，华侨管理区未转为公务员的管理人员由华侨管理区（农场）继续留用，其工资待遇由华侨管理区（农场）按照《陆良县人民政府关于华侨农场人员安置有关问题的会议纪要》明确的“对未转为公务员的管理人员的工资待遇按照事业单位标准执行”，资金来源由农场从集体土地承包收益中列支。像我们这种农场退休，曾经在场部做过行政工作的，有 30 多个，按照企业退休发放退休金，有 3000 元左右，没有大病，不住院，工资是够用的。但凡有大病，我们还是觉得有困难，我们也反复反映过这类人的身份和待遇问题，希望得到解决。除此之外，我们也就安享晚年了。

黄观生现居住房屋侧面

一生种地

罗远华

罗远华

被访谈者简介：罗远华，男，汉族，1963 年 6 月 13 日出生在越南莱州省，1978 年 8 月回国被安置在云南省保山地区昌宁县柯街华侨农场，现任柯街镇华侨社区居民委员会七组组长，华糖公司农务员。

访 谈 地 点：保山市昌宁县柯街华侨社区

访 谈 时 间：2023 年 3 月 29 日

访谈和整理：毕娇娇

我的祖籍是红河州元阳县小新街，因家庭生活困难，爷爷带着父亲去了越南。1963 年 6 月 13 日，我出生在越南莱州省清河县，那个地方有很多华侨。1978 年，父母带着兄弟姐妹 6 人从越南回到中国，老大、老二留在越南，在越南的大姐现在 80 多岁，身体还好。

当时我们是从金平回来的，到了金平县清水河，两国界线就是一条沟，我们跨过沟就有民兵过来扶我们下船。到了金平，先是在金平部队接待站住了 6 个月，被安置在西双版纳州勐腊县勐满的部队营地，那个地方到边境只有 7 公里。大约半年以后，因为对面的老挝打仗，1979 年，国家第二次把我们安置到了昌宁县柯街华侨农场。

在莱州的华侨很多是做生意的，还是有些钱的。回国的时候，我家有很多越南钱，无法兑换成人民币就都带了回来，后来全部成了废纸。

刚回国的时候还比较困难。父母靠出工挣工分吃饭，哥哥在越南上过学，学过越文，也学过中文，算是有文化的，回到昌宁做老师。我们学的是越文，回到昌宁 15 岁从二年级开始上学，到了初中毕业就没再上学。初中毕业我先是种地，后来买了一辆手扶拖拉机，拉点东西，再换成大车跑货运。到了 1992 年，农场糖厂招工，我进了糖厂，负责甘蔗种植，当农务员。那时都是人力，没有机械化，每年收割甘蔗交到糖厂，用拖拉机或者马车拉着到糖厂，到了糖厂都是人扛着一捆一捆的甘蔗站在磅秤上连人和甘蔗称重。所有归侨都能吃苦，辛苦劳作，有的在街上做点小生意，卖早点什么的，大家日子过得一般。

1997 年，农场改革，农场员工可以承包土地到户，农场管理权限交到县上。2009 年，再次改革，交到镇上管理，我们农场变成最基层的单位，就是现在的社区。

2003 年，我把甘蔗挖了种蔬菜，种“姜柄瓜”，当时在农场种蔬菜我属于比较早的，没有水管，就用竹子做成水槽接水浇菜，再后来就是胶管接水浇菜，现在全是滴灌技术。到后来大家都种菜的时候，我又坚持种甘蔗，现在我除了种水果，仍然在山坡上种植甘蔗。

柯街农场因为缺水，没办法种水稻，所以，前些年大家都种甘蔗，后来开始种反季蔬菜，主要有辣椒、瓜等，其中，柯街辣椒是很有名的，而且，柯街社区种植蔬菜在整个柯街坝子技术是比较先进的，采用滴灌技术。

我看到一些农民外出打工后，山坡上的地都闲置起来，我又开始种甘蔗，并且是现在唯一种甘蔗的，甘蔗虽然收入低，但把闲置的土地利用起来也算是一件好事，现在柯街没有糖厂，我的甘蔗都是交到隔壁的卡斯镇华糖公司。

农场改革是比较好的，国家对归侨是很重视的。我们都有亲戚分布在全省各个华侨农场，互相之间都有来往或通信息。农场当初改革时，比如曲靖陆良华侨农场因为是大坝子（云南话，形容土地平整），又有水，种植庄稼什么的都比我们这边条件好。他们当初的改革是农场留了一部分土地，统一租给外来农业种植企业，收回的租金用于支付农场退休职工的养老金。我们当时都很羡慕陆良的改革，因为柯街农场当时退休职工就有 400 多人，集体经济负债多，发工资都很困难，但现在回过头来想想我们的改革是比较成功的。

刚回国的时候房子是国家分的，一家人挤在三四十平方米的简易房子里。后来，农场盖了一排排的土坯房，1997 年农场改革，有的搬出去，我们出了几千元钱买下来，到了 2009 年，政府扶持给 1.5 万元钱，有的搬出去盖新房子，有的没钱修修补补后再住，现在整个农场还保留的老房子就是我在的七队，我家也在街边盖了一栋新的房子，儿子一家住新房子，我和老伴就继续住这个老房子，夏天特别舒服。

我们兄弟姐妹后来回红河州元阳寻亲，元阳还保留着家谱。中华人民共和国成立前，有土匪，所以大哥就把地契包裹起来镶在墙里，后来找出来。爷爷写下信：土地不准卖，由长兄保管。从家谱上看，我家祖上是从四川到云南的。现在元阳老家那边风俗保留得比较好，比如吃饭的时候辈分高的坐在堂屋，我这一辈的坐在外面，到我儿子就只能坐到阳台上，我们回家请客要二三十桌，隔壁邻居都会来做客，而且还自带桌子和碗筷，这个也是中国传统文化。

罗远华仍然居住在华侨农场七队的老屋子里

我儿子现在就在家门口收蔬菜，然后批发到全省各地。他因为做事诚实，会站在菜农的角度考虑问题，不压农民的菜价。很多菜农信任他，都愿意把菜交给他。每年蔬菜大量上市的时候，外面来收菜的人都吃住在我家，他的生意做得很好。

我们海外华侨亲戚很多，每三年组织一次海内外华侨聚会，2014 年在大理，2017 年在昆明，计划 2020 年在桂林搞活动，后来因为疫情停了，今年大家又提出来 2024 年在西双版纳组织。很多老人盼望组织这个聚会，因为近年来有的老人已经去世了。

罗远华获“见义勇为先进群体”称号

回国40多年的生活让我改变了太多太多。我也见证了祖国一年比一年好，老百姓的生活也一天比一天好，现在我还能自己种菜、种甘蔗，儿子有自己的生意，我很知足了。

邻里守望者

蒋素华

蒋素华

被访谈者简介： 蒋素华，女，祖籍福建泉州，1943 年出生在印度尼西亚东爪哇。1960 年回国，先后在福建南安市雪峰华侨农场、云肖华侨农场和宁化华侨农场工作，1970 年到昆明钢铁厂工作至退休，先后获昆明市归侨侨眷先进个人、安宁市“五好老人”“伟大母亲”等表彰。1994 年退休。

访 谈 地 点： 云南省安宁市蒋素华住所

访 谈 时 间： 2021 年 10 月 28 日

访谈和整理： 毕娇娇

1943年，我出生在印度尼西亚东爪哇加里巴汝，父母是印度尼西亚华侨。我到了该读书的年龄，父母送我到当地华侨学校上学，我早上4点就起床，和一起上学的伙伴从加里巴汝乘坐5点15分的火车到外南梦读书，要乘两小时的火车才到学校。火车上没有灯，我们自己点蜡烛；下午5点放学后又乘火车回家。就这样读了几年书，后来印度尼西亚当局限制华侨在县级以下的城镇开商店，不准华侨读中国书、讲中国话。许多华侨及其子女没有工作，没有书读，印度尼西亚当局叫我们华侨加入印度尼西亚籍，读印度尼西亚书。当时我们华侨团结起来，作为中国人要有志气，要坚强。我们祖祖辈辈都是中国人，都讲中国话，我们绝不能受欺负。我记得那时我父亲开了一个商店，因为我们不加入印度尼西亚籍，隔壁有一家加入印度尼西亚籍的中国人经常欺负我父亲，父亲生意很难做，我们一家盼望着回到祖国，提出了回国的申请。我记得那时我们就知道昆明四季如春，所以在回国申请上我们填写了回昆明。

经过一段时间的期盼，1960年9月，中国政府派船队到印度尼西亚来接我们，我们全家除了两个姐姐因在印度尼西亚成家无法回国外，全部登上轮船回国。船上的工作人员热情地接待我们，在生活上给予无微不至的关怀和照顾，我们吃得好睡得好，有时在船上唱歌跳舞。经历7天7夜的轮渡，终于在1960年9月10日到了湛江港口。港口有祖国亲人敲锣打鼓，举着“热烈欢迎华侨回到祖国参加社会主义建设”的横幅迎接我们回来。看到鲜艳的五星红旗迎风飘扬的那一刻，我们都激动得流下了热泪。党和政府没有忘记海外的侨胞们，对我们照顾有加。回国的经历为我今后的工作和生活指出了正确的方向，作为一个归侨应该怎么走好自己的人生道路，来回报祖国，回报社会，回报人民。

回到祖国，我们全家响应祖国号召，服从分配到福建省南安市雪峰华侨农场工作。我当时还是上学的年龄，就在当地国光中学上学，后来因为刚回来水土不服因病就退学在家养病，养病一段时间后不再上学，就在农场参加工作，那时一个月的工资是15元，分两次发。我很积极和努力，时间不长，当上了第六生产队妇女队长，一个队30人左右，主要是种水稻和小麦。

1964年，因工作需要，组织调我到福建省云肖华侨农场搞“四清”工作，主要任务就是“四清”，在农村中“清账目、清仓库、清财物、清工分”，我们按照队长要求，对华侨农场的“三大员”（生产队队长、会计和保管员）进行调查。我们白天参加劳动，晚上入户调研，同劳动同吃同住，“四清”工作结束，我又回到雪峰农场等待重新分配工作。

1966年，印度尼西亚又掀起反华排华浪潮。我被组织安排去湛江接侨，我们在湛江停留了一段时间，又坐几天的长途汽车，带着这批归侨到福建省宁化华侨农场工作，我也随着到宁化华侨农场工作，被分配到东龙头村。

归侨们为了回报祖国母亲，到了农场，组织安排什么工作就做什么。那时，农场的任务主要是修路、插秧、割水稻、打谷子、种麦子和蔬菜。修路全靠双手，遇到天气寒冷下雪，归侨经常是一边修路一边高呼“下定决心，不怕牺牲，排除万难，去争取胜利”，大家都下定决心，要自力更生，回到自己的祖国，人身安全有保障，不再受欺负，大家热情高涨。几年后，我当了农场政治队长和生活队长，带领这些归侨在农场开展生产。1969 年，经人介绍，我认识了我先生并结婚，他是福州大学的大学生，毕业后在上海第三钢铁厂工作。

蒋素华获得昆明市归侨、侨眷先进生产（工作）者表彰

1970年，因安宁昆明钢铁厂需要技术人员，我先生服从组织安排，从上海第三钢铁厂来到昆钢工作，我从福建宁化华侨农场来到昆明参加昆钢的建设。刚到昆钢的时候，条件还是很艰苦的，我在食堂工作，每天从居住的小村子到昆钢食堂上班，要走40分钟。20世纪80年代，昆钢筹建广播电视大学，组织把我先生调到昆钢电大教书并担任校长，先生找组织反映并申请按照统战政策，把我调到阅览室工作，直到退休。随着国家的发展，昆钢建设得越来越好。1997年，我家分到集团公司新建的职工宿舍，住进了安宁市金方街道新村。退休后我继续发挥余热，在安宁市新村社区当志愿者，力所能及解决邻居、小区存在的问题。

安宁市金方街道新村社区是2008年4月从昆钢集团公司剥离到安宁市人民政府管理而成立的社区，是一个以退休职工、退休职工家属、子女、在岗职工为主体的单位型社区。社区集中居住一批越南、印度尼西亚归侨及泰国、新加坡、缅甸、加拿大、日本侨眷，很大一部分是昆钢退休的工人。我居住的社区是一个没有物管的老旧小区，楼道卫生及院内的卫生全靠大家自觉维护。退休后，我便不求任何回报，力所能及地为我居住的院子住户解决问题。我有一个笔记本，记录了小区98户住户姓名、电话和各户汽车牌号，形成一本详细的“居民册”；停车不当导致院内堵塞，邻居都会找我，我发现了也会帮忙找到住户移车；遇到邻里吵架、夫妻吵架，我及时调解；遇到小孩调皮做错事，我立即引导纠正……邻居都叫我“蒋院长”，还编了一个顺口溜说：“在外有事找警察，在四合院里有事找蒋院长。”

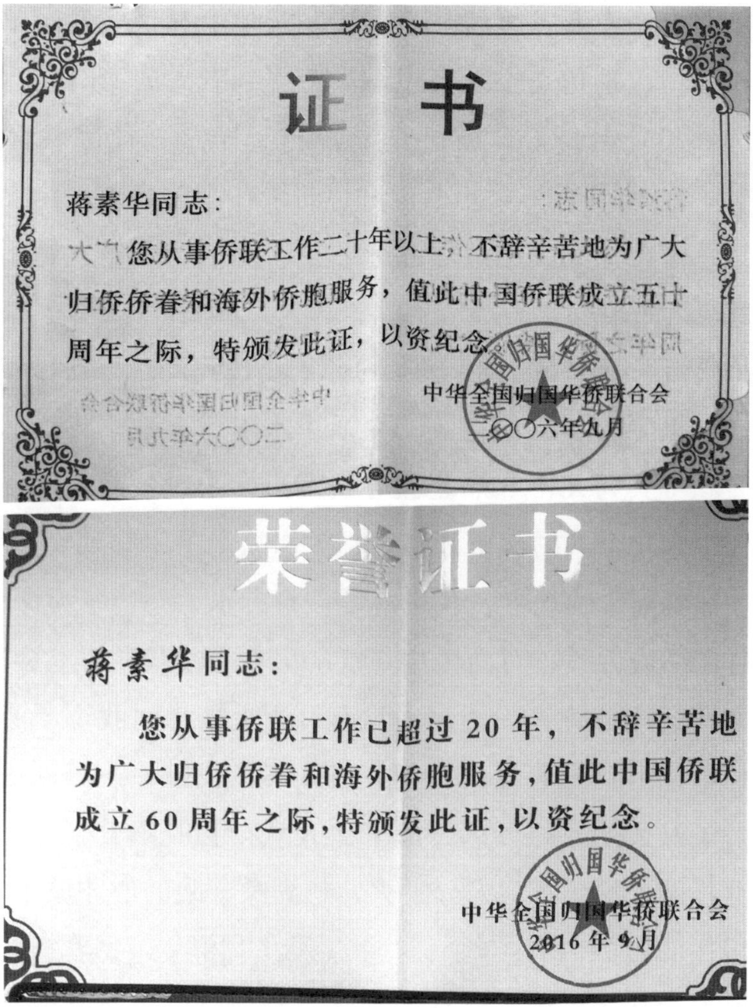

蒋素华获中国侨联表彰

我记得2009年2月14日傍晚，住7楼的李枝贵老人突发脑出血，情况危急，由于子女都不在身旁，他老伴李芹芳给我打电话。我和女婿赶紧到李家，协助医务人员将李枝贵抬上救护车，送至昆明的医院，帮忙办理手续，一直忙到深夜才拖着疲惫的身体回家。第二天，李芹芳把家里钥匙托我保管、帮忙看家。由于头天事发突然，李家沙发及地上都是病发时呕吐的血迹和食物，我和先生没多想，只想等到老人回家时要有一个干净的环境才会舒心，就把李家打扫干净，一直帮忙看家45天。李芹芳说："当时女儿上夜班、儿子在东北出差，全靠蒋妈妈及其一家帮忙，我老伴才起死回生，多活了几年，她不是亲人胜过亲人。"

2011年一天傍晚，80多岁的孙奶奶找我反映，新村桥洞对面的公厕水管爆裂，白花花的生活用水喷射满地。我立即带上手电筒和工具与几个邻居赶去寻找漏点，及时关闭总阀，在修理过程中有几个人的裤子和鞋子都被水喷湿了，直到晚上10点多，才修好漏水的地方，我也淋了一身的水。一个冬天深夜里，邻居打电话告诉我，对面楼房6楼厨房着火，我顾不上穿外套，穿着拖鞋就往外跑，因楼道内没有灯，上楼梯时我不小心把拖鞋跑掉了，但我想着救火要紧，也顾不上找鞋，摸黑冲去人家门口费了好大劲才敲开门，原来主人煮排骨时睡着了，烧干了锅引发着火。我帮着主人灭了火，悬到嗓子眼的心才放了下来。我家居住的楼门内有13个住户，总人口28人，我隔三岔五会把楼道卫生从1楼到7楼打扫一遍，看到小广告及时清理，保持楼道的整洁美观。2011年，我们楼道被评为"安宁市卫生楼道"；院子内有两个休息的小亭子，我也经常打扫卫生，砌花台。有人开玩笑说："你做了那么多好事，社区给你补贴吧？"我只是笑笑说："这是我自愿做的，哪能要补贴，我做力所能及的事，从我做起帮助别人，看到别人快乐，我就快乐和幸福。"

20世纪和我们一起回国的支援昆钢建设的还有一些归侨，

为团结带领归侨侨眷为社会做贡献，昆钢成立了侨联，我当选为侨联副主席。这批归侨退休后都居住在新村社区，有的因为各种原因生活困难，在我经常走访中，发现印尼归侨代良英家由于自己和老伴都生病，生活困难，我就及时向社区和侨联组织反映，每年各级侨联组织都来看望代良英，她每次都很感激党和政府，我自己也荣获昆明市归侨侨眷、侨务先进工作（生产）者。我有两个女儿，从小教育她们要踏踏实实做人做事，和别人发生矛盾时要谦让、包容，如今女儿都成家立业，都在昆钢工作，孙辈也长大了，我的家庭也多次获得安宁市“五好文明家庭”“最美家庭”称号，我获昆明市学雷锋“最美志愿者”称号。

2002 年，我和两个姐姐回印度尼西亚，从昆明到厦门，再经中国香港到雅加达，回到当年我上的中华学校，学校还在，东爪哇经济还落后，学校破破烂烂，没有学生，没有一点变化。我很感慨，庆幸自己回到祖国，现在能衣食无忧地安享晚年。

赛姐『侨味园』

冼锦玉

冼锦玉在厨房制作越南小卷粉

被访谈者简介：冼锦玉，女，1958 年 6 月 20 日出生在越南海防，1978 年回国，安置在大理宾川太和华侨农场至今。

访 谈 地 点：大理州宾川县柳家湾社区“赛姐侨味园”

访 谈 时 间：2021 年 11 月 29 日

访谈和整理：毕娇娇

我家祖籍是广西北海，上一辈老人为讨生活到了越南。1958年，我在越南海防出生，在越南上完小学后就出来打工，先是在店里当员工，后来慢慢自己学做点小生意。1978年，我20岁的时候跟随父母一起回国，被安置在宾川太和华侨农场。当时是从海防到越南老街，再到河口，从河口回国。全家5口人，父母、哥哥嫂嫂和我在农场二队。在农场我们根据组织的安排，统一参加劳动，由于我们在越南的海防是城市，有做生意的经验。1980年前后，我家就在农场开了一个小店，主要是卖咖啡、卖饭。当时我家用土基砌围墙建成一个小院子，卖的咖啡是平川咖啡，请平川的农民在赶集的时候带过来，早点卖卷粉，后来卖越南特色菜，比如扣肉等。

1979年，我认识了我的先生，他是印度尼西亚归侨，在七队。我和他结婚后就去了七队，我们生育了一个儿子、一个女儿。早些年，我和先生就是种田，先后种过水稻、香料、水果、甘蔗。随着国家政策的变化，我们还承包了田地，种蔬菜。我们回国的时候，一穷二白，全靠国家帮扶，分了住房。后来房改，国家政策好，房子可以卖给个人，我们只花了几千块钱就买了现在的房子。

随着国家改革开放步伐的加快和各种有关归侨政策的出台，我们归侨侨眷生活逐渐好转。每逢过年过节归侨们都会约在一起热闹，做做以前从小就吃（侨居国）的食品，聊天拉家常。我母亲厨艺好，我从小耳濡目染，学会不少拿手的越南菜，觉得不传下来可惜了，加上以前有做过小生意的经验，我那时就想自己的日子一方面靠国家，另一方面要自力更生。宾川归侨多，还有归侨的二代三代，都喜欢有特色的东南亚各国美食，无论是越南菜，还是印度尼西亚菜，我和先生从小就吃，也都会做，酸酸辣辣的口味恰好符合宾川本地人的喜好，就萌生了开餐馆的念头。

路边指示牌

2008年，我从农场退休，因孩子小，我在家带小孩，先生继续种地，我有的时候也去自己的地里帮先生做做农活。随着农场里大家的日子越来越好，2012年，我们把自家的院落好好拾掇一番，开起越南餐馆，就起名“赛姐侨味园”。

“赛姐”是我的小名，房子就是以前国家房改时候卖给我们的房子，现在餐厅旁边的那排平房当年是生产队养猪养牛的圈，基建质量很好，我们现在做仓库。

我家餐厅只请了两个工人，平时帮忙打扫卫生，炒菜、配菜都是我们一家自己做，我的儿子、儿媳、女儿都会做越南菜。

越南菜以清淡为主，比较养生，但是配料比较多。比如，扣肉就14个配料，因为房子是我们自己的，不出房租，所以饭菜价格比较合理，菜的分量又足。办了几年，我家餐馆规模逐

赛姐侨味园大门

冼锦玉在厨房制作越南小卷粉

年扩大，不仅当地人爱吃，昆明甚至省外的食客到了宾川也慕名前来，在品味侨乡美食的同时听听侨乡故事。遇到节假日，吃饭都要提前预订。

现在，我家“侨味园”有 30~40 个菜品，像扣肉、白斩鸡、春卷、生春卷等是每一个客人必点的招牌菜。很多省内外游客到了宾川都会到我家来吃吃越南菜，再到咖啡店喝喝咖啡，这成为宾川的两个打卡点。我们在自己发展经营、过上好日子的同时，也传承了“侨乡”记忆。曾经有人来商量，让我家做成加盟店，我家拒绝了。因为，做餐饮不仅要留住地道的食物滋味，更要留住“滋味”后面的乡愁。

归侨在侨味园就餐

如今，儿女都长大了。儿子结婚，有一个小孙女，和我们住在一起；女儿在县城买了一套房子，一家人团结和谐。我儿子、女儿都会讲越南话，越南还有一个姐姐，哥哥当年回到宾川后又去了加拿大，妈妈跟着哥哥到了加拿大，前些年去世。我经常和哥哥联系，都觉得还是在中国好，我留在中国的决定是对的。现在，我家又花了几十万元，在餐厅后面买了一栋老房子，正在装修，装修下来都上百万元了。

庭院正中的这棵桂圆树，是我家刚搬来宾川时种下的，经历 40 多年的生长，如今已长成大树，绿意盎然，是家人、游客在炎炎夏日乘凉、闲谈的好地方。忙碌一天之后，我们一大家子会围坐在树下的圆桌旁，吃着酸辣可口的食物，聊着家长里短，说说笑笑，遇到节假日，印度尼西亚归侨、越南归侨也都会到我家唱唱跳跳，开开心心过节。

这些年，很多新闻报道都来采访报道过我家的“侨味园”，日子是一年比一年好。县城周边和刘家湾社区，只要有人家办（红白）事，我都会去帮忙。

时间过得真快，当年回国的情形想起来还历历在目，看到我们国家现在发展得这么好，我很庆幸自己是中国人，自己一家有生意做，一家人和睦健康是最大的幸福。

冯家食馆

冯道富

冯道富在餐馆

被访谈者简介：冯道富，男，汉族，1957 年 1 月 26 日出生在越南广宁省，1978 年 8 月回国被安置在云南省保山地区昌宁县柯街华侨农场，现为柯街镇华侨社区退休人员、“冯家食馆”老板。

访 谈 地 点：保山市昌宁县柯街华侨社区“冯家食馆”

访 谈 时 间：2023 年 3 月 30 日

访谈和整理：毕娇娇

冯家食馆

冯道富

我家祖籍是广西东兴，到我这一代已是四辈在云南。1957年1月，我出生在越南广宁省下居县，家里兄弟姐妹多，自小就跟着大人一起种茶、养猪。1978年，我和9个兄妹跟随父母回到中国。当时我们是从芒街市回到广西东兴。因安置地不同，我和两个哥哥、一个妹妹从东兴到了西双版纳，因老挝打仗，国家为我们考虑，后把我们安置在保山地区昌宁县柯街华侨农场六队。

刚回国时一家人住在几十平方米的土坯房里，吃集体饭，语言不通，我回国后先是务农，后来通过农场的糖厂招工进了糖厂当锅炉工。糖厂改制后，我到了华侨加工厂做面条，还到过保山服务中心和农场场部公交科上班，场部公交科就是管修路的。再后来，我开始陆陆续续在街上卖早点，自己做点饭菜卖。

1983年，我正式开食馆，那个时候房子是油毛毡房，用篾条编的篱笆做墙，主供餐食是5毛钱的“一个馒头一个菜”。1988年起，柯街华侨农场先后经历三次改革，到2009年，华侨农场正式改制为现在的柯街镇的城市社区。在这期间，我们这些归侨与本场及周边百姓交往频繁，互相通婚，我家食馆慢慢开始承办周边人家办事的一些婚宴酒席。

随着国家的发展，百姓生活也越来越好。农场越南归侨多，像我父母一代在越南生活四五十年，到我也是生活了 21 年。这些归侨很想念越南风味的菜肴，我就在餐馆做越南炸春卷、扣肉、越南小卷粉等，很受大家欢迎，也有本地的和外地的人来吃。

2010 年，我租了现在的场地，把食馆开到村中主干道旁，这个地方宽敞，能满足近 10 桌人同时用餐。为扩大生意，我也不断摸索，推出了新的菜品，比如，爆炒芭蕉芋粉丝，芭蕉芋粉丝是柯街特产，受本地人喜爱。为兼顾各种口味，我做一盘白斩鸡，还配两碗蘸料，一碗是有正宗越南“鱼露”（一种调料）的特色侨味，另一碗是加入柠檬和小米辣的当地味道。慢慢地，餐馆生意越来越好，名声也大起来，只要到了柯街，必来吃一餐越南风味的饭。

鱼露是一种以鱼虾为原料发酵而成的调味酱汁，也是吃越南菜不能少的一种蘸料。鱼露，又叫鱼酱油、虾油，胶东称为鱼汤，是福建福州地区和潮汕地区流行的调味酱汁。越南和泰国的菜肴中经常用到鱼露。按照人们的一般说法：吃了鱼露，就等于去过了越南。

附近的人喜欢周末到这里聚会，不少人结婚时也选择我家的“侨味喜宴”，就是以越南风味菜为主。随着来食馆吃饭的人越来越多，我就聘用了好几个嫁到当地的傣族妇女帮工。当初帮工的傣族妇女现在都有一技之长，能掌勺烹饪。

我的儿女在保山发展得不错，想要接我过去生活，但我的生活就在这里。当年一起回国的兄弟姐妹有的在海南、有的在广西、有的在云南德宏，在各地都有自己的事业。我们都很庆幸当年回国，大家日子过得都好。不久前，在中越边境云南河口做生意的妹妹还寄来越南“鱼露”。

我还为社区中无法自己做饭的留守老人免费提供一餐一饭，为归侨子女上学捐过钱，我觉得这些都是应该做的。

每年春节，居住在柯街镇华侨社区的“农场人”，或是城里的昌宁人，都会到我家餐馆来品尝侨乡美食，尤其是白斩鸡、白斩鸭、扣肉、春卷、越南小卷粉、爆炒芭蕉芋粉丝、炒鱿鱼

作者采访冯道富

等特色名菜，已经成为柯街华侨社区饮食文化中的特色招牌。我现在每天很忙碌，从下午 3 点一直要忙到晚上，就想着要把这个餐馆一直开下去。

我的经历

侯先朝

侯先朝

被访谈者简介：侯先朝，男，祖籍文山马关。1936 年出生于越南河江省箐门县箐门街，1978 年回国被安置在文山州富宁县金坝华侨林场向前林区，1996 年退休，现在文山州富宁县者桑乡居住。

访 谈 地 点：文山州富宁县者桑乡侯先朝住所

访 谈 时 间：2022 年 10 月 13 日

访谈和整理：毕娇娇

我1936年在越南河江省箐门县出生。我13岁不到，就跟着年龄大一点的青年来到了麻栗坡。麻栗坡县政府安排我参加分田地打土豪工作，同时还安排我到麻栗坡中学读书。就这样，我一边参加工作一边读书，有的时候参加文艺队、去街上贴标语。

到了1958年，我在麻栗坡中学初中毕业。如果我愿意读书，政府可以继续让我读书。我考虑后决定参加工作，政府尊重

侯先朝（第二排右一）和工作队员的合影

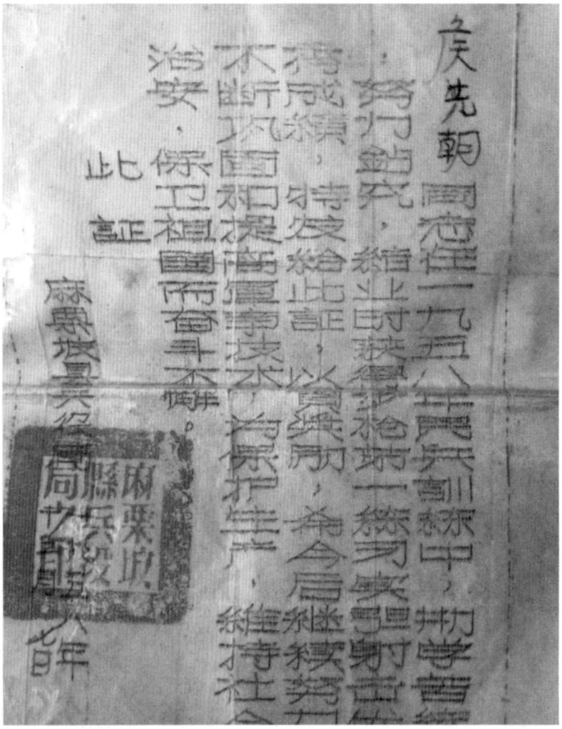
侯先朝
同志在一九五八年民兵訓練中，[illegible]
努力鑽研，結業時獲得步枪[illegible]
将成績，特发給此證，以資獎勵，希今后繼續努力
不斷鞏固和提高軍事技术，为保护生产，維持社[illegible]
治安，保卫祖國而奮斗不懈。
此證
麻栗坡縣兵役局
[illegible]年[illegible]月[illegible]日

侯先朝 1958 年在民兵训练中受麻栗坡县兵役局表彰

我个人意愿给我安排了工作，安排我回到越南，在河江省外事处兼边防大队助理，做外事处的翻译，我那时就经常和昆明外事处对接，也经常去昆明。

河口、箐门、天宝那些地方都属于我们边防大队管，发生边境事情我们就处理，这个工作一做就到 1975 年。

1973 年和 1975 年越南其实就开始有排华行动，将在政府任职的华侨全部免职，我也没了工作回到家。1978 年，越南大规模排华，有很多人通过坐船去了加拿大，我们家也有亲戚叫我们坐船去加拿大，想想自己家在边境，回国比较方便，我又在国内工作过，我们一家商量后，由父母带着兄弟姐妹回中国。

因怕受到越南的阻止，我没随父母一起走，而是一个人独自从小路走到边境回国的。

回国入境登记的时候，我忘记说 1948 年回国后，受组织委派出去工作的事，所以，登记我的工作经历就一直是 1978 年参加工作，后来我的这些经历也向县里反映过，希望得到解决。回国后，我们家被安置在富宁县金坝华侨林场向前林区。

金坝华侨林场在富宁县的归朝、者桑、洞波、剥隘、谷拉 5 个乡，1958 年，富宁县开始办了城关林场、安刚坡林场、岩河林场，后经多次调整，1963 年改为国营金坝林场，由省农垦局划归省林业厅领导。1970 年，西双版纳小勐伦轻木林场搬迁到金坝，并入金坝林场。1978 年，金坝林场开始安置越南归国难侨，1979 年 1 月改建为国营金坝华侨林场，由省侨办主管。

我记得我们回国后，政府新建了难侨住宅，给难侨购置安家物资，补助生活费用，添置农机具，兴办文教卫生事业，使得难侨回国后很快就投入生产建设。林场实行场部、林区两级管理。场部下面有小河口、岩河、谷利、解放寨、向前、那斗、沙村、金坝、那刚、五〇八、岩辉、五一 12 个林区，有汽车队、商业服务公司、木材加工厂、榨油厂。那时一年的工资有 300 多元，和周边农村比起来，我们林场员工待遇是很好的。

林场场区建设初期，因界线过去未全部划定，与周围农村生产队土地有交叉，管理不便，而且多次发生场员和周边群众土地纠纷。1982 年，富宁县人民政府主持，省侨办参加，通过林场与附近区、乡、社、队共同协商，实地踏勘，历时 3 个多月，调整了交叉土地，正式划定场界，并由县人民政府颁发了场界定界文件。

林场最早有1所小学，1980年，根据林场分散的实际，全场小学按统一布点建成7所，1983年后又进行了调整。1987年，全场共有小学5所，也接收附近农村儿童在老场办的学校读书。1980年，场里建立职工医院，并先后在7个林区建立医务室。那时，林场的卫生事业主要是根据林场的气候条件，开展卫生防疫工作和计划生育工作，同时为附近农村群众提供服务。林场有电影院，组织巡回电影放映组去各个林区放映，职工的业余生活还是丰富的。

我有4个子女，回国的时候一个姑娘留在了越南，原来在农村务农，以前年年来这边看我们，后来我写了一封信给越南当地的领导，并把自己的勋章、照片等一堆证明材料都附在一起，希望县委给予我女儿照顾，他们解决了我女儿的问题，把她调到了民族学校教书。

后来我回过越南好几次，当时我们华侨居住的寨子，华侨回国后没有人住了。我现在和儿子住在一起，腿脚不太方便，退休金按照一般场员待遇来拿，也够用，自己还能照顾自己。

最是平淡抚人心

应惠娟

应惠娟

被访谈者简介：应惠娟，女，祖籍浙江，1955 年出生于印度。1963 年回国，被安置到陆良华侨农场。后考取云南省财经学校，毕业后先后在工商银行、中国银行工作，2010 年退休。

访 谈 地 点：昆明市五华区翠湖

访 谈 时 间：2023 年 5 月 19 日

访谈和整理：毕娇娇

我 1955 年出生在印度大吉岭，妈妈是锡金人。大吉岭是印度西孟加拉邦的一座小城，小城降雨量充足、昼夜温差大，高山多雾，特别适合茶叶种植，所出产的大吉岭红茶与中国祁门红茶、斯里兰卡乌瓦锡兰红茶（斯里兰卡红茶）并称世界三

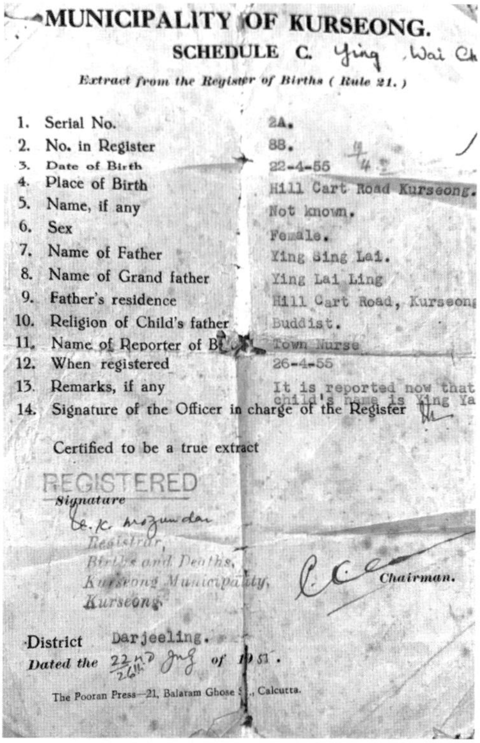

MUNICIPALITY OF KURSEONG.

SCHEDULE C. Ying Wai Ch

Extract from the Register of Births (Rule 21.)

1. Serial No. 2A.
2. No. in Register 88.
3. Date of Birth 22-4-55
4. Place of Birth Hill Cart Road Kurseong.
5. Name, if any Not known.
6. Sex Female.
7. Name of Father Ying Sing Lai.
8. Name of Grand father Ying Lai Ling
9. Father's residence Hill Cart Road, Kurseong
10. Religion of Child's father Buddist.
11. Name of Reporter of B[illegible] Town Nurse
12. When registered 26-4-55
13. Remarks, if any It is reported now that child's name is Ying Ya
14. Signature of the Officer in charge of the Register

Certified to be a true extract

REGISTERED

Signature

Registrar,
Births and Deaths,
Kurseong Municipality,
Kurseong.

Chairman.

District Darjeeling.

Dated the 22nd / 26th Jug *of* 1951.

The Pooran Press—21, Balaram Ghose St., Calcutta.

应惠娟在印度的出生证

大高香红茶。父亲是跑船的大副，在印度成家后养育了5个子女，我、两个姐姐、一个哥哥和一个妹妹，父亲很重视子女的教育，教育我们一定要读书，他把二姐、大哥送到当地的中国学校上学，我则上教会学校。父亲在印度排华期间抵制印度的政策，所以，1963年8月，我们全家随着首批印度受难归国华侨乘远洋轮船“光华轮”抵达湛江，再由国家安置，辗转到了昆明。

我记得轮船一靠岸，湛江的同胞们敲锣打鼓，挥舞国旗夹道欢迎我们，喇叭里放着“红太阳升东方，海外孤儿有了娘……”“五星红旗迎风飘扬……”等歌曲。听着这些歌曲，很多大人像受委屈的孩子一样，流下了热泪。此情此景深深地刻在我幼小的脑海里。

到了昆明后，二姐分在昆明华侨补校上学，应该是当年9月的时候，我们年岁小的跟着父母到了陆良华侨农场，分在农场一队。当时国家给我们归侨安排了砖瓦房。我记得在物资匮乏的年代，国家对归侨特别照顾，发给每人限量的布票，归侨都要多发几尺。在农场安家后，我们一家人积极投入农场的建设中，母亲虽然没有文化，但多次获得“五一”劳动奖，参加过归侨去北京观礼的观摩团，还配合北京大学带过学习印度语的实习生。

农场当时还是建设兵团建制，有学校、医院、后勤服务等，不像部队却由部队在管，不像农民但我们都种地，不像工人但我们有20多元月工资。

应惠娟（右二）全家福

应惠娟（第二排左一）全家福，后排右一为应惠娟母亲

我在农场读完小学，放过牛，和所有农场子女一样去拾粪上缴公家。再大一点，当分队指导员，负责丈量土地。那时农场生活苦，很多女孩子都通过谈恋爱、结婚离开农场，有的甚至找大十多岁的人结婚，目的就是想离开农场。

母亲也想让我结婚，而且她想让我找回国的印度人。但我内心其实是排斥的，所以一直没有合适的人。后来和住在我家隔壁的一个兵工厂的工程师谈恋爱，父亲不支持，他希望我继续读书。

爸爸一直鼓励我们读书，不管我看书到多晚，父亲总是一直陪着我。弟弟们长身体，粮食不够吃，母亲就掺杂苞谷饭给我们。恢复高考后，我和两个弟弟同时考取学校，我考到省财经学校银行专业，这在农场是一件了不起的事。没有读书的二姐和哥哥，随着大姐都到了香港，因当时姐夫在香港。二姐成家后也到了香港，妹妹到了澳门，就我一个人留在了内地。过了几年，姐姐她们把父母也都接到香港生活。

我在财经学校毕业后，分配到昆明市工商银行工作，一直在一线即储蓄所工作，先后任储蓄所和营业所主任。1987 年，调到中国银行金碧支行工作，任副行长，管理 6 个营业网点，后来到了机关管人事档案。我工作兢兢业业，工作期间得到单位支持，外出培训、出差机会很多，让我不断得到提升，多次被评为先进工作者和优秀党员。

我后来在昆明成家，丈夫在昆明烟厂，属于技术干部，有一个女儿，我们一家一直在昆明生活。

2004 年，因母亲得了阿尔茨海默病，我们姐妹商量大家轮流照顾母亲，每年 4—10 月，我就把母亲接到昆明和我一起居住，11 月再送回香港。所以，我提前办理内退手续，直到 2010 年正式退休，在昆明安享晚年。

我现在衣食无忧，有房有退休金。大姐在香港因会英语、尼泊尔语，现在 70 多岁了仍然在做一些翻译工作；二姐多年前在深圳买了房子后来升值，她把房子卖了支持儿子在香港做点小生意；二弟在香港，有两个小孩，一个在德国，一个在美国，相对我来说，他们在香港的居住条件不如我。所以，他们都羡慕我。

回国 50 多年，日子过得很快，一眨眼我都退休了。我的日常就是帮女儿带带小孩，参加老同事聚会和云南省印度归侨联谊会的活动，有时也外出旅游。

我们回国的这些年，国家的进步和发展给我带来了生活水平的提高。特别是自改革开放以来，我们经历了中国翻天覆地的变化，使我更相信和拥护中国共产党的领导。

儿孙满堂膝间绕 守着青山乐融融

苟学武

苟学武

被访谈者简介： 苟学武，男，祖籍文山马关。1940 年 2 月出生于越南河江省箐门县，1978 年回国被安置在文山州富宁华侨林场，1985 年退休，现在富宁县者桑乡老场部林区小组居住。

访 谈 地 点： 文山州富宁县者桑乡苟学武住所

访 谈 时 间： 2022 年 10 月 13 日

访谈和整理 ： 毕娇娇

我1940年2月在越南河江省箐门县出生，2岁左右，父亲去世，母亲改嫁。我们家在箐门县街上，种田种地，母亲在街上摆个小摊卖东西，日子相对来说过得还可以。

我小学毕业后，就在家帮忙干活，17岁结婚，18岁就生育了大女儿。我会吹拉弹唱，所以，当过文艺队长，还到河江省参加表演。我在越南生育了9个娃娃，7个姑娘2个儿子。

苟学武的9个子女

听老辈人讲，我祖籍是四川洪雅县的，因谋生需要到了文山马关。旧社会的时候，因为我奶奶连续生了姑娘，农村人重男轻女，爷爷不高兴就跑到越南重新结婚，后生了几个儿子，才觉得传宗接代了。那个时候，在箐门县苟家、刘家、王家是日子比较好过的，我结婚生了4个娃娃后就出来自立门户单独过日子，担任生产队队长。越南那时也是按照每家出工多少来分粮食，大部分人家粮食还够吃。

1975年，越南当局就开始排华，好多华侨觉得情况不好，互相传递消息，陆陆续续地回中国。我大哥先回到国内，我和全家共10人于1978年回国。我记得那时妈妈骑马，一家老小趁天黑摸着出门，一直走到边界，从马关的都龙口岸进来，在马关接待站住了一段时间，政府把我们全家安置到富宁县金坝华侨林场那岗林区。

1978年后，没有回国在越南边境一侧的华侨全部被越南政府迁往宣光省，而且被安排分散居住。宣光省是越南东北部的一个省，是水陆交通枢纽，中越交界附近，陆路可达中国滇桂两省，水路可顺红河到河内。

回国时，林场全是油毛毡房子，但是我们回到林场的时候，大到油毛毡房子，小到一双筷子都是政府给我们准备好的。现在的房子是自己重新盖的。

在林场的主要任务就是造林。刚回国的时候，金坝林场主要种植油茶，我们每天要负责锄60~80塘（棵）油茶，锄草，大家全部吃伙食团，每月每人工资26元。1981年开始，林场种植松、杉木（沙树）。1984年以前，场部下达营林生产任务到林区，林区统一安排生产，分组集体作业，职工实行等级计时工资制。1985 年起，林地划片到户，分户管理和营造林木，按定额投资计酬。已投产的果园、经济林木承包到户，定额上缴。利用小片分散山地，划给营林职工家庭，每户 5~10 亩，自费营造果木林，5 年以内不上缴，从第 6 年起每亩交 50 元管理费，以扩大普林工人增产增收门路。同时，还规定营林工人在管好责任林，完成营造任务的情况下，扩大发展家庭副业，增加家庭收入。

我们回国的时候，大儿子刚结婚不久，儿媳郑桂云是越南人，她家父母不准她跟随我们回来，两人就分开了。回国后，儿子再结婚生了一个姑娘，不几年儿媳因病去世。中越关系转好后，我儿子回到越南，在都龙口岸再往下茅坪村那边的 5 号边界上遇到郑桂云的妹妹，通过她找到郑桂云，郑桂云在越南再婚的老公也去世了，她养育了 2 个女儿。征得郑桂云同意，大儿子就把郑桂云带回富宁。他们重新办理了结婚证，一直生活到现在。郑桂云办的是外国人居留证，也有医保，每年到文山州公安局去换证一次，还是非常方便的。

现在我们一家人每年都能聚在一起，五世同堂，子子孙孙一大家 30 多人，吃饭都要好几桌，热热闹闹的，有的孙辈不住在一起的，我都叫不出名字来。

我们回来的这批归侨退休了国家都发退休金。像我退休早的，工资要高一些。我和老伴 1984 年退休，工资是财政拨款，每人每月 4000 多元工资，老伴 85 岁，还能做饭做菜，养养鸡。林场职工再晚一点退休的，退休金也有 2000~3000 元。

现在，大儿子和我们住在一起。他赶上 1985 年林地划分，分到 20 亩林地，出租给一个安徽做木材加工的，收取一点租金，再加上他每个月有 300 多元低保，日子也过得去。我们在农村，蔬菜是自己种，鸡是自己养。他的女儿在文山打工，郑桂云的一个女儿也从越南嫁到了都龙镇茅坪村。我们看病有医保，报销比例 80%。

现在家庭和睦，儿孙满堂。回国后国家给我们安排了工作，退休了国家给我们发退休金。我眼睛以前受过伤，除了血压有点高，其他都还好，我不怎么吃药，住在这个山上空气好，水好，适合养老，只是离县城稍微有点远。我还能打扫院坝卫生，把家周边环境卫生搞好，平时就和隔壁邻居拉拉家常，生活挺好的。

访谈苟学武（中间老者：苟学武；左一：富宁县侨联主席高友明）

平凡生活

刘玉春

刘玉春

被访谈者简介： 刘玉春，1956 年在越南老街省新马街县出生，1978 年回国，被安置在原临沧地区双江县勐库华侨农场，至今仍在华侨管理区生活。

访 谈 地 点： 临沧市双江县刘玉春住宅

访 谈 时 间： 2023 年 8 月 24 日

访谈和整理： 毕娇娇

我家祖籍是四川，祖辈不知道什么原因从四川到了文山马关，后因生活困难，从马关边境出去在越南老街省新马街县定居。在越南六十多年，爷爷奶奶都是在越南出生。1956 年，我出生，在越南上小学，学的是越文，毕业后在家务农，也是靠工分分粮食。后来参加新马街县干部培训班学习，类似国内的扫盲班，上学的全是各乡镇队长、村干部，上了两年干部培训班。毕业后，继续务农，我在生产队当队长，和中国一样记工分分配粮食。1976 年和 1978 年，我的两个小孩出生。

刘玉春

1978 年 10 月，我们和其他难侨一样从马关小坝子入境回到祖国。小坝子是马关县中越边境的一个镇，也是一个口岸。在小坝子住了两个月，我们

刘玉春全家福

一家被安置到临沧双江县勐库华侨农场，从小坝子乘坐大客车从马关出发，12 月底来到楚雄过了新年，在 1979 年 1 月 3 日到达勐库华侨农场，我的工龄就从 1 月算起。

我家被安置在农场五队，户口在九队。1979 年 2 月，对越自卫反击战开始，我报名参战，为我军带路和当翻译。我们随部队 2 月 22 日到越南，当时我们是作为民兵参战。3 月 28 日我们撤回中国，到开远县的竹营镇，在竹营停留了两个多月，部队让跟着去四川，当时家庭都还没有安顿好，我没有去，回到农场搞后勤，负责拉米，工资发到每个职工手上，当队长十多年。

为增加家庭收入，我 1983 年买了一辆农场用了 8 年的解放牌大卡车，农忙务农，农闲跑运输，用这辆大车跑运输，拉糖到楚雄广通，后来我把这辆车卖了。

农场职工在刘玉春的卡车上留影

由于农场缺乏技术人才，场部向地方党委、政府汇报后，得到临沧地委和双江县委的支持，在临沧干部学校专门办了农场培训班。1984年到1986年，我被派到临沧干部学校培训三年，主要学文化学政策，毕业是初中文凭。毕业后又回到农场参与管理。1986年，农场承包户与原工资脱钩，自主经营、自负盈亏，上缴管理费。到1987年，我记得农场农林承包户大概470户，家庭联产承包责任制的实施，调动了职工生产经营的积极性。也就是在这段时期，农场大力开展茶叶生产、加工，扩大甘蔗种植面积，兴办商业服务公司。

我们回国的时候，基本上是一边查字典一边学中文。越南文有26个字母，6个音调，一字读多音。越南的生活习俗和中国基本一样，70年代前，越南生活条件比中国好，在国内“大跃进”的年代，物资紧缺，每年春节前后，中国这边的边民会去越南买肥皂、“水火油”（云南方言：煤油）、肉等，但现在越南发展水平却远落后于我们。我回去探过一次亲，从长水机场出发到海防，再乘大巴到河内，到下龙湾玩了两天，我们农场当时互相邀约去了很多人，找了越南导游，除了探亲外主要是旅游。我们家现在在越南已经没有什么亲戚了。

2013年，我调到场部生产科，管自来水，管公路维修，后来又到了场部后勤队，管理4~5人。2016年退休。大儿子儿媳临沧技校毕业后在双江糖厂工作，二儿子当兵回来在家务农，土地当时按照农场改革，像我这样有工作，退休后有机动地，每人有1.7亩，上缴承包费，我们老两口和儿子一家6个人有5亩左右的地，种茶叶，卖鲜叶。

刘玉春全家福

我按照企业职工待遇退休，有退休金，医保和社保什么都有，我很满足了。

我的故事

马明华

马明华

被访谈者简介：马明华，1951 年在越南老街省坝洒县出生，1978 年回国，被安置在原临沧地区双江县勐库华侨农场，现在华侨管理区生活。

访 谈 地 点：临沧市双江县马明华住宅

访 谈 时 间：2023 年 8 月 25 日

访谈和整理：毕娇娇

我的故事

马明华

我家祖籍是重庆。1945 年日本投降，国民党派出工作组前往越南河内、海防一代收缴日本物资，父亲当时是国民党兵，随军一路到了越南，当时看到越南土地肥沃，就开小差和一起去的人相约在越南改名换姓住了三四年，后又回到红河州金平县马鞍底生活，那里有一家本家姓马的就认为本家弟兄，1949 年在马鞍底和我母亲结婚，1950 年年初去越南，我 1951 年出生，我是老大，有 5 个弟弟，1 个妹妹。

我在越南上学，9 岁到 12 岁，上到三年级，早上 9 点上学，下午 4 点放学，学习越文，14 岁，在矣底区当区长，后又去进修学校读书一年。进修学校有 45 个学生，9 个老师，还有一个医生，相当于扫盲学校。当时，汉族在越南是少数民族，过了一段时间，矣底街有一个百货公司要我去上班，收草果，父亲不准，要我回家干活。我听从父母安排，回家种地，19 岁那年结婚，媳妇 16 岁，结婚两年后和父母分家，自己独立生活。

1978 年，我们和周边二三十家华侨一起回国。第一天到中国河口坝洒上面南坪寨子，坝洒当时也是一个农场，全部是种橡胶的。我们回来的人去联系，说有船来接到“龙博河”，下午4点开始走路，到第二天早上9点，船来了，大家先让小孩、妇女上船，男的最后抬东西。

我们一家，在南坪停留一个月，政府派车把我们送到河口住了一个晚上就坐火车到了昆明，再住了两天，按照安排，我家随同其他归侨坐客车到了西双版纳勐腊县农场7分场8连。

当时是一个广西人任政治部主任，分场还有连长、副连长、文书，农场有六排房子，编成六个排，有排长、副排长。每天早8点准时吹哨，最迟不得超过15分钟到集合地点，然后清点人数，有人记考勤，排长负责清点人数，再报告连长。连长说可以出发了，大家就排着队去劳动，有点像军事化管理，到12点下班。劳动主要是种橡胶，我的工龄是从当年7月1日算起。当时，听领导说农场要安置1万人。

马明华（右一）兄妹

到了年底，农场开会，领导说我们可能要重新安置，具体到哪里不清楚，就是在云南省内安置。因兄弟、父母要来勐库，我就申请调到勐库华侨农场。1979 年 1 月，我家被重新安置到了临沧双江勐库华侨农场。当时勐库华侨农场 10 队安置了 404 户归侨，人数最多的是六队，每队有几十户，有的队人数多，有的队人数少一点，我被安排在二队当队长。

1983 年，父亲在农场五队，因年纪大了，我申请照顾父亲，就调到了五队，当副队长、司务长，还参加过“争百致富”工作组。工作组的任务就是依据每家每户养的猪和鸡等折算收入，看收入情况，鼓励大家致富。1984—1985 年，农场实行联产承包责任制，因十队队长身体不好，要去做手术，让我同时兼任十队队长，主要工作还是管“争百致富”和计划生育等工作。

一年后，场部动员我继续在十队当队长，我不同意，想回五队。过了一段时间，农场要发展甘蔗，安排我和四队李富华到县里订购甘蔗苗，负责甘蔗调运，甘蔗收割后调回场部。

回到农场后，我一直在家务农。1986 年，农场进行改革，每人分到 1.7 亩土地，外边嫁进来落户的每人 1 亩。像我儿媳妇就分得 1 亩，田算机动地，还有 1 亩茶，0.7 分田。1993 年，我加入了中国共产党。

2000 年，农场各队改选，我落选队长。在这期间，我接到越南迁坟通知，因越南要修公路，我母亲的坟需要迁出来。我回越南迁母亲的坟，遇到当时的很多同学，他们还开玩笑说：“你回中国了，没想到现在还见得到。”在越南迁坟那几天，同学都来帮忙，我只管出钱。母亲当年就埋在中越边境，越南政府说老人对越南有贡献，我们回国的时候不用把她的骨灰带回中国，还欢迎我们每年清明回去上坟，补助越南资金相当于人民币 1000 元。

2005 年 4 月，接场部通知，我到场部茶办上班。2009 年，农场实行“三项”制度改革，年龄在 50 岁以上不能参加公务员考试，年纪大的人就直接转成事业编工人。2011 年 4 月退休，退休金较高。退休后，任茶山支部书记、五队支书，到 2014 年支部改选后不再担任书记。

我养育三个子女，两个女儿一个儿子。小女儿在双江糖厂上班，大女儿在农场，儿子继续留在农场种茶，孙女毕业于云南财经大学。二女儿的儿子考取航空航天学校，一家人生活得都很好。

后　记

2021 年，基于对侨务工作的热爱，我沿着在工作中发现的线索开始对云南华侨农（林）场的归侨进行访谈。2022 年，我由昆明市侨联调到昆明市政协港澳台侨和外事委工作，不在侨务工作的一线，我曾一度犹豫是否继续把访谈做下去。但在看到周边的人对华侨农（林）场一问三不知或所知甚少的时候，我坚持利用闲暇时间把访谈做下去，因为我觉得这是一个曾经的侨务工作者的责任。

每次去找老归侨访谈，我都要先介绍自己曾经在侨联工作，每每聆听他（她）们和我讲自己的故事，都是一次有趣的交流之旅和学习之旅。三年访谈能够坚持和完成，要感谢云南省侨联原主席尹曰庄，云南省侨联党组成员、副主席徐盛兴的指导和支持；感谢保山市侨联主席郑洪光、文山州侨联主席廖仲庚、红河州侨联副主席王朝红、临沧市侨联副主席姚先移、陆良县华侨农场书记马萍、富宁县侨联主席高友明的引荐和支持；感谢云南省印度尼西亚归侨侨眷联谊会会长钟芳梅的推荐；感谢所有接受我访谈的归侨侨眷们！其中李小峰和侯先朝两位老人已经离世。

我从2010年到昆明市侨联工作，2022年离开昆明市侨联，整整12年。对侨务工作从知之不多到了解和热爱，缘于我经常深入基层、热心为侨服务，得到很多归侨侨眷、老前辈的信任和指导。而从工作的日常事务中跳出，做归侨侨眷访谈缘于中国华侨华人研究所和中国华侨历史学会多年来给予本人的鼓励、指导和支持，感谢中国华侨华人研究所的领导和老师们！感谢中国华侨出版社编辑为本书付出的心血和辛劳。

毕娇娇

2023年10月11日